CONOCE
TU BIBLIA

DESDE LA   **HASTA LA**
A | Z

Libros de Jim George publicados por Portavoz

Conoce tu Biblia desde la A hasta la Z
Extraordinarias oraciones de la Biblia
Guía bíblica esencial
Guía bíblica básica
Guía de biografías bíblicas
Guía de un joven para descubrir su Biblia
Guía de un joven para las buenas decisiones
La influencia de un hombre de Dios
Las 50 enseñanzas más importantes de la Biblia
Promesas poderosas para toda pareja (coautor)
Tienes un amigo en Jesús, para chicos
Un esposo conforme al corazón de Dios
Un hombre conforme al corazón de Dios
Un joven conforme al corazón de Dios
Un líder conforme al corazón de Dios
Una pareja conforme al corazón de Dios (coautor)

CONOCE TU BIBLIA

DESDE LA HASTA LA

A Z

UN **MANUAL RÁPIDO** ACERCA DE PERSONAS, LUGARES Y COSAS

JIM GEORGE

EDITORIAL
PORTAVOZ

La misión de *Editorial Portavoz* consiste en proporcionar productos de calidad —con integridad y excelencia—, desde una perspectiva bíblica y confiable, que animen a las personas a conocer y servir a Jesucristo.

EDITORIAL PORTAVOZ
2450 Oak Industrial Drive NE
Grand Rapids, Michigan 49505 USA
Visítenos en: www.portavoz.com

ISBN 978-0-8254-5760-9 (rústica)
ISBN 978-0-8254-6653-3 (Kindle)
ISBN 978-0-8254-7469-9 (epub)

1 2 3 4 5 edición / año 27 26 25 24 23 22 21 20 19 18

Impreso en los Estados Unidos de América
Printed in the United States of America

Reconocimientos

Trabajar en la edición en inglés de la *Guía bíblica esencial*, la *Guía de biografías bíblicas* y *Conoce tu Biblia desde la A hasta la Z* ha sido un verdadero trabajo de amor. Ha sido especialmente gratificante por el aliento que he recibido de Bob Hawkins, presidente de *Harvest House Publishers*. Desde el primer día, Bob ha sido una fuerza positiva detrás de la escritura de los tres libros. Esto es particularmente cierto ahora con este volumen, *Conoce tu Biblia desde la A hasta la Z*. Desde el inicio de esta serie, Bob me ha sugerido que escriba un libro que trate de los muchos hechos interesantes, historias y personajes de la Biblia. Por fin, este libro es una realidad, y le agradezco sinceramente a Bob Hawkins por su apoyo e interés en este proyecto.

Un agradecimiento especial también debe ir para Benjamin Hawkins, que fue fundamental en la compilación diligente de gran parte del material inicial para este libro. Ben es un estudiante de la Palabra de Dios, un hombre que tiene y sigue buscando la formación académica que lo está preparando para un futuro como escritor de sus propios libros y, sobre todo, para ayudar a otros.

Tampoco puedo dejar de agradecer todo lo necesario a mi editor, Steve Miller. Steve es amigo y editor en jefe de *Harvest House Publishers*. Doy gracias a Dios por Steve, por su valiosa ayuda y su experiencia editorial durante la redacción de este libro, y por todos los otros proyectos en los que hemos trabajado juntos. Steve hace que la escritura sea mucho más fácil debido a su sabiduría, su comprensión de la Palabra de Dios y sus años de experiencia editorial.

Terry Glaspey, director de recursos y desarrollo en *Harvest House*, también ha sido extremadamente útil con sus muchas ideas y sugerencias bíblicas y teológicas. Los tres libros se han beneficiado de su apreciada contribución.

Finalmente, un sincero agradecimiento para el departamento de diseño y producción en *Harvest House* y los diseñadores de página en cada uno de estos libros. Han ayudado a hacer todos los libros muy atractivos y legibles.

Muchas gracias a todos mis amigos y a todos quienes me han ayudado en *Harvest House Publishers*.

Contenido

Introducción

¿Te has preguntado alguna vez sobre algún hecho del trasfondo mientras leías un pasaje de la Escritura?, o, al preparar una lección para un estudio bíblico, ¿has querido saber más acerca de algún dato que has visto?

Bueno, ¡ese tipo de cosas me pasa con frecuencia! Me encanta indagar en los hechos detrás de los acontecimientos que aparecen en la Biblia, y eso es parte de la razón por la que escribí este libro acerca de los hechos de la Biblia, hechos que también tengo curiosidad por saber para mi propio crecimiento espiritual.

Otra razón para escribir este libro es complementar la *Guía bíblica esencial* y la *Guía de biografías bíblicas*. Cuando terminé de escribir esos dos libros, alguien me sugirió que estos tratamientos de los libros de la Biblia y los personajes de la Biblia podrían complementarse con muchos datos interesantes y útiles para cualquiera que desee saber más acerca de la Biblia.

Por eso escribí *Conoce tu Biblia desde la A hasta la Z*: para animarte a ampliar tu conocimiento, comprensión y aprecio de la Biblia y su mensaje. Al hojear este libro te darás cuenta de que los temas se presentan en orden alfabético de la A hasta la Z. Esto te permitirá usar el libro como una "referencia rápida" mientras lees y estudias tu Biblia. Debido a las muchas "Una lección de... para la vida" y "¿Sabías que...?", características en todo el libro, también se puede leer como un devocional inspirador. Igual que cuando lees tu Biblia, no hay manera incorrecta de usar este libro.

Obviamente, debido al tratamiento intencionalmente breve de cada tema, se ha omitido alguna información. Esto no significa que el material excluido no sea importante, sino que, cuando quieras profundizar en un tema determinado, deberás referirte a trabajos más completos. Tu deseo por conocer más cumplirá mi meta para ti y para mí: el objetivo de involucrarnos más en entender la Biblia y los muchos mensajes de Dios para nosotros.

Oro por tu crecimiento en la gracia de Dios y en su conocimiento,

Jim George

Conoce tu Biblia
desde la A hasta la Z

A

Aarón

Aarón fue hermano de Moisés, y primer sumo sacerdote de Israel. Dios hizo que Aarón sirviera como portavoz de Moisés, porque Moisés afirmó que era "tardo en el habla". Desafortunadamente, el comportamiento de Aarón no siempre honró a Dios. En una ocasión, mientras Moisés estaba recibiendo los Diez Mandamientos, uno de los cuales era no tener dioses ajenos delante de Él, el pueblo instó a Aarón para que les hiciera un dios para adorarlo.

¿Qué hizo Aarón? Se rindió. Recogió oro del pueblo e hizo un becerro de oro. Su excusa ante Moisés fue que no pudo resistir la presión de la gente. ¡Él declaró que tomó el oro de ellos, lo fundió en el fuego, e hizo el becerro! Más tarde, Aarón falló nuevamente, cuando Dios le dijo a Moisés que le hablara a la roca y que el agua fluiría de ella. Moisés, con la aparente aprobación de Aarón, golpeó la roca en lugar de hablarle. Debido a este acto de desobediencia, Aarón murió en el monte Hor sin entrar en la tierra de Canaán, la Tierra Prometida.

Ningún líder es perfecto, pero en su mayor parte Aarón siguió a Dios y lo sirvió usando las habilidades y los talentos que Dios le dio.[1]

Una lección de Aarón para la vida

Viviendo en la sombra

Según la costumbre de la época, Aarón, como el hermano mayor, debería haber sido el líder de Israel en lugar de su hermano menor,

---

1. Ver Éxodo 4:10, 13-17; 32; Números 20:5-10.

Moisés. Pero Dios escogió a Moisés en su lugar. ¿El resultado? Aarón pasó el resto de sus días bajo la sombra de su hermano menor. Aarón tenía sus defectos, pero brilla como un ejemplo de un fuerte jugador dentro del equipo, compañero de trabajo y asistente de la persona que Dios designó como el líder de su pueblo. ¿Eres una parte del equipo en el ministerio de tu iglesia? ¿Puedes permitir que otros lideren mientras sigues con tu corazón de siervo? ¿Te deleitas en ayudar a aquellos a quienes Dios ha llamado a liderar? Dios usó a Aarón y a Moisés para guiar a su pueblo. Como lo hizo con Aarón, Dios quiere usarte para caminar junto a otros y que puedas ver cómo obra Él en ellos.

Abel

Abel, segundo hijo de Adán y Eva, fue el hermano menor de Caín. Cuando los hermanos ofrecieron sacrificios a Dios, Él estaba complacido con el sacrificio de Abel, pero no recibió la ofrenda de Caín. Por celos, Caín asesinó a Abel a sangre fría. Abel murió por ofrecer obedientemente a Dios lo que era aceptable y vive para siempre como un ejemplo de justicia y fe (Hebreos 11:4). (Para leer la historia de Abel, ver Génesis 4:1-8).

Una lección de Abel para la vida

Ofrecer lo que es aceptable

Nuestra devoción a Dios se mide por las ofrendas que le traemos y por la actitud detrás de ellas. Abel poseía un corazón de fe y un profundo respeto por Dios. Por lo tanto, ofreció alegremente a Dios lo que le era agradable y aceptable. Cuando das, ya sea tu tiempo, energía, posesiones o dinero, ¿lo haces con un corazón alegre? ¿Das porque tienes que dar o porque quieres? y ¿das lo mejor de ti? Nadie puede sobrepasar a Dios, así que da a Dios lo que es aceptable... y dáselo de corazón.

Abram/Abraham

Abraham (que significa "padre de una multitud") es una de las figuras más importantes de la Biblia. Él fue el primero de los patriarcas (Abraham, Isaac y Jacob) y padre de la nación israelita, de la que vino el pueblo judío. Conocido inicialmente como Abram ("padre exaltado"), Dios le dijo que abandonara su propia tierra y fuera a otra diferente. Dios le prometió bendecirlo, hacer de él una gran nación y a través de él bendecir a todas las familias de la tierra. ¿Cómo respondió Abraham a tal orden? Tomó a su esposa Sara (inicialmente llamada Sarai), y dejó todo lo que conocía para obedecer a Dios y salir hacia lo desconocido (ver Génesis 11:26—17:5; 1 Crónicas 1:27; Nehemías 9:7).

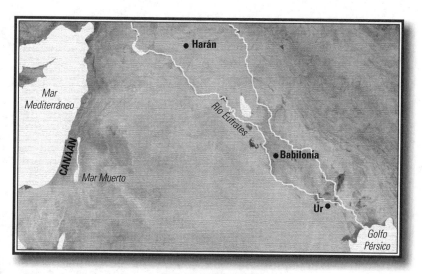

Los viajes de Abraham
Dios llamó a Abraham para dejar Ur e ir a Canaán.
En el camino, Abraham se quedó en Harán.

Dios hizo otra promesa importante a Abraham, le prometió un hijo de su esposa Sara, que era estéril; un hijo que sería la base de muchas naciones, reyes y pueblos. En respuesta a la promesa de Dios, Abraham se postró sobre su rostro y se rió, preguntándose cómo él y su esposa, siendo los dos ya ancianos, podrían tener un hijo. Durante 25 años, Abraham esperó al hijo prometido. Su tiempo de espera fue un tiempo de prueba y de fortalecimiento de su fe y confianza en Dios a medida que envejecía; y llegó a los 100 años y Sara, más allá de la edad de la maternidad, llegó a la edad de 90 años. Finalmente, a través de un milagro, Isaac, que significa "risa", ¡nació! Dios, como siempre, cumplió fielmente su promesa (ver Génesis 17:15-19; 21:1-7).

En el Nuevo Testamento también leemos acerca de Abraham. Jesús mencionó a Abraham en una de sus parábolas, y Pablo se refirió a Abraham en su discusión sobre la justificación por fe aparte de las obras (ver Lucas 16:19-31; Romanos 4; Gálatas 3:6-9).

Una lección de Abraham para la vida

La obediencia trae bendición

Abraham fue un hombre que obedeció a Dios. Dios le dijo que abandonara su tierra y fuera a Palestina. Le dijo dónde ir y qué hacer… y él lo hizo. ¿Cuál es tu nivel de obediencia a Dios? ¿Cuán obediente eres a los mandamientos e instrucciones de Dios?

Si te resulta difícil hacer lo que Dios te pide o espera de ti, reconoce tu debilidad. Actúa de tal modo que puedas ejercitar y fortalecer el músculo de la obediencia en las pequeñas cosas. Luego, cuando enfrentes un reto que te parezca imposible, podrás responder como Abraham: con prontitud, paz y sin reservas.

La bendición de Dios esperaba a Abraham del otro lado de cada acto de obediencia. Y lo mismo es verdad para ti. No te pierdas las bendiciones de Dios por no seguirle ni obedecerle.

Adán

Adán fue el primer hombre. Dios formó a Adán (de la palabra

hebrea *adam*, que significa "humanidad") del polvo de la tierra y lo puso en el huerto del Edén para que lo atendiera y lo guardara. Dios también puso árboles en el huerto, incluyendo el árbol de la vida y el árbol del conocimiento del bien y del mal. Entonces le dijo a Adán que podía comer libremente de todo árbol del huerto, *excepto* del árbol del conocimiento del bien y del mal. Le explicó a Adán que, si lo hacía, ese mismo día moriría.

Después de que Adán y Eva desobedecieron a Dios y comieron del árbol prohibido, Dios vino en su rescate y salvó sus vidas. Él cubrió su pecado matando animales para hacer ropa para ellos y los expulsó del huerto para que no comieran del árbol de la vida y experimentaran la muerte perpetua. También les señaló un futuro glorioso, un Salvador que les ayudaría (Génesis 3:15).

El pecado de Adán de desobedecer a Dios esparció el pecado a toda la humanidad (Romanos 5:12). Después de ser expulsados del Edén, Adán y su esposa Eva tuvieron dos hijos llamados Caín y Abel, y al menos otro hijo, llamado Set. Adán murió cuando tenía 930 años (ver Génesis 2:15—5:5).

Nombres de los hijos de Adán y Eva

Caín, que significa "adquirir" o "conseguir", fue el primer asesino.

Abel, que significa "soplo flotante" o "vapor", fue la primera persona en morir.

Set, que significa "restitución", reemplazó a Abel en la línea divina del Mesías.

Adán tuvo otros hijos e hijas, pero la Biblia no menciona sus nombres (Génesis 5:4).

Una lección de Adán para la vida

Una imagen de la gracia de Dios

La vida de Adán nos da una idea de lo que Dios originalmente planeó para la humanidad: una relación perfecta con Él en un entorno perfecto de salud y paz. También nos muestra un cuadro de los efectos desastrosos de desobedecer a Dios. Pero, como si estuviéramos viendo escenas en un espectáculo de teatro, se nos muestra un despliegue de la gracia y esperanza de Dios. En su misericordia, Dios entró y salvó la situación, perdonó la vida a Adán y a Eva, y aseguró un futuro para su pueblo caído.

¿Estás experimentando la gracia de Dios a través del "último Adán", Jesucristo (1 Corintios 15:45)? Si es así, estás viviendo en una relación perfecta con Dios que un día será permanente en el cielo, ese lugar perfecto donde todas las cosas volverán a ser perfectas.

Aleluya

Aleluya es una transliteración de la frase hebrea *hallelu yah*, que significa "alabanza a Yah", o "Alabado sea Jehová". Esta frase se usa con frecuencia en el libro de los Salmos y cuatro veces en el Nuevo Testamento, en Apocalipsis 19, donde las personas que están en el cielo alaban a Dios por lo que Él hizo durante los tiempos finales (ver Apocalipsis 19:1, 3, 4, 6).

"¡Alabado sea Jehová!"

Lecciones de alabanza de los Salmos 146—150

Los últimos cinco salmos en el libro de los Salmos están llenos de alabanza; cada uno comienza y termina con la frase

"¡Alabad a Jehová!". Nos muestran dónde, por qué y cómo alabar a Dios. ¿Qué produce la alabanza?

1. La alabanza aparta nuestra mente de nuestros problemas y deficiencias, y nos ayuda a enfocarnos en Dios.

2. La alabanza nos lleva de la meditación individual a la adoración corporativa.

3. La alabanza nos hace considerar y apreciar el carácter de Dios.

4. La alabanza eleva nuestra perspectiva de lo terrenal a lo celestial.[2]

Alimentos de la Biblia

Además de los elementos comunes de agua y sal, los cuales eran vitales en tiempos bíblicos, aquí están algunos otros alimentos encontrados en las páginas de la Escritura:

Maná. Cuando los israelitas se quejaron de no tener comida en el desierto, Dios les proveyó de maná por las mañanas. El maná se describe como "una cosa menuda, redonda", tan menuda como "una escarcha sobre la tierra". Cuando los israelitas vieron por primera vez el maná, se dijeron unos a otros: "*¿man hu?*", que significa "¿qué es esto?" y fue así cómo este alimento llegó a ser llamado *maná.* También se describe como parecido a la pequeña semilla de cilantro, de color amarillo pálido. Sea lo que sea, sostuvo a los israelitas en el desierto durante 40 años (ver Éxodo 16:14; Números 11:7).

Trigo y cebada. Después de entrar y establecerse en la tierra de Canaán, los israelitas pudieron sembrar. El trigo y la cebada eran

---

2. *Life Application® Study Bible,* New Living Translation (Wheaton, IL: Tyndale House, 1996), p. 975.

los cereales dominantes, se utilizaban para cocinar y hornear pan. La gente a menudo arrancaba el grano fresco del campo para consumirlo crudo, también asaban el grano (ver Mateo 12:1).

Higos. El Oriente Medio siempre ha sido conocido por sus abundantes higos y por la dulzura de estos. Los higos se comían frescos, pero también eran secados al sol y almacenados para su uso posterior. Tienen un alto valor en calcio y fibra, y a menudo se preparaban en forma de tortas para alimentar a los soldados (algunas personas han sugerido que los higos pueden haber sido el fruto prohibido en el huerto del Edén, ya que Adán y Eva usaron hojas de higuera para cubrirse, pero nadie lo sabe con certeza. Jesús también maldijo una higuera por no dar fruto [Mateo 21:19]). Los higos son todavía una comida común y un manjar en el Oriente Medio en el día de hoy.

Alimentos kosher (o *kashrut*). El término *kosher* significa "limpio". En la ley judía, se aplica este término a los alimentos que son aprobados para que los judíos los consuman. Las leyes dietéticas (*kashrut*) del Antiguo Testamento, encontradas en Levítico 11, prohibían consumir o tocar los cadáveres de ciertos animales como camellos, roedores, conejos o cerdos. Sin embargo, se podía comer cualquier cosa que vivía en el agua, siempre y cuando tuviera escamas. Por eso, como judíos, Jesús y sus discípulos podían comer pescado, y sus discípulos podían ser pescadores de profesión. Pero águilas, buitres, halcones, cuervos, avestruces y murciélagos no podían ser consumidos.

En el Nuevo Testamento, Dios le mostró a Pedro por medio de un sueño que no debería llamar "impuro" a lo que Dios había limpiado. Estas instrucciones incluían a personas que no eran judías y que fueron consideradas impuras por muchos durante los días de Pedro (en última instancia, la visión no era tanto acerca de la comida como de la inclusión de los gentiles en la iglesia del Nuevo Testamento). Hasta el día de hoy, muchos judíos practicantes no tocan ni consumen alimentos no *kosher* (ver Hechos 10:15. Para aprender más acerca de los alimentos *kosher*, ver Levítico 11).

Otros alimentos. Además de los alimentos antes mencionados, aceitunas, aceite de oliva, miel, uvas y granadas estaban disponibles y eran consumidos.

Altar

Un altar es una estructura elevada; un lugar en el que se ofrecen sacrificios o se quema incienso en adoración. A lo largo de la historia, las naciones han construido estructuras elaboradas para ofrecer sacrificios a sus dioses. Al salir de Egipto, los hijos de Israel estaban muy familiarizados con el culto pagano. A fin de no pervertir su adoración al único Dios verdadero, Moisés fue inmediatamente instruido para que en el monte Sinaí construyera dos altares:

- el altar del holocausto (también llamado altar de bronce o la mesa de Jehová), sobre el que se ofrecían los sacrificios de la mañana y de la tarde, y

- el altar del incienso (también llamado altar de oro, que estaba en el lugar santo del tabernáculo) sobre el que se quemaban continuamente especias. Los servicios de la mañana y de la tarde eran iniciados por el sumo sacerdote ofreciendo incienso en este altar.

Más tarde, Dios permitió el uso de altares en otros sitios aparte del tabernáculo, y aún más tarde, en el templo.[3]

---

3. Ver Éxodo 30:1-10, 28; 39:38-39; Malaquías 1:7; Números 4:11.

Ángel

El término ángel (del griego *ángelos*) significa "mensajero". En las Escrituras, un ángel es un mensajero de Dios.

La Biblia habla de ángeles buenos y malos. El ángel malo más conocido es Lucifer, cuyo orgullo lo hizo caer del cielo. Se le conoce como Satanás y diablo. Otros ángeles malos se conocen como demonios. Algunos de los ángeles buenos conocidos son Miguel ("el arcángel") y Gabriel.

Como mensajeros, los ángeles anunciaron y proclamaron el nacimiento de Cristo. También atendieron a Jesucristo en el desierto y en el huerto de Getsemaní. Estuvieron presentes en la tumba vacía del Señor resucitado y en su ascensión al cielo.[4]

Ángel de Jehová

El ángel de Jehová era una teofanía, una automanifestación de Dios para los hombres. Este ángel particular se distingue, en las Escrituras, de todos los demás y es identificado por varios nombres, incluyendo...

- "el ángel de Jehová"
- "el ángel de Dios"
- "el ángel de su faz"

Está claramente identificado con el Señor mismo en su automanifestación a los hombres (ver Génesis 16:7; 21:17; 31:11-13; Jueces 2:1; Isaías 63:9).

---

4. Para saber más acerca de Miguel, ver Daniel 10:13, 21; 12:1; Judas 9; Apocalipsis 12:7. Para saber más sobre el ministerio de los ángeles y Jesús, ver Mateo 4:11; 28:2; Lucas 22:43; Hechos 1:10-11.

Apariciones del ángel de Jehová a personas del Antiguo Testamento

Agar: recibió estímulo e instrucción (Génesis 16:7; 21:17).

Abraham: recibió una visita y una promesa (Génesis 18).

Moisés: recibió su llamado a dirigir al pueblo de Dios (Éxodo 3:2).

Balaam: se le dijo que llevara un mensaje al rey Balac (Números 22:35).

Israelitas: recibieron un mensaje en que se les describía su desobediencia (Jueces 2).

Gedeón: fue llamado un poderoso héroe (Jueces 6:11).

Esposa de Manoa: se le prometió un hijo (Jueces 13:3).

Manoa: le confirmó la promesa del hijo anunciado (Jueces 13:11).

Elías: fue alentado y fortalecido para continuar su viaje (1 Reyes 19:7).

Animales de la Biblia

La Biblia está llena de referencias a animales, una muestra de los muchos animales mencionados en la Escritura incluye:

Behemot. Hay mucho debate acerca de la identidad del "behemot" mencionado en Job 40:15-24. Gramáticamente, es probable que signifique "superbestia". ¿Qué es exactamente esta superbestia? Algunos piensan que era un hipopótamo. Otros dicen que debe haber sido un cocodrilo porque un hipopótamo no tiene una cola que se mueve como cedro. Otros han sugerido que era un dinosaurio. Pero nadie está seguro.

Burro. Al igual que los camellos, los burros fueron usados en los tiempos bíblicos para viajar. Los burros eran considerados un activo financiero, ya que poseer muchos burros, al igual que camellos, era considerado signo de gran riqueza.

En una historia encantadora, Dios le dio voz al burro que llevaba al falso profeta Balaam y permitió al animal "ver" al ángel de Jehová (mientras el profeta no lo podía ver) y hablar con el profeta (igualmente sorprendente es el hecho de que Balaam ¡hablara con él!). Más de 500 años antes del nacimiento de Cristo, el profeta del Antiguo Testamento Zacarías anunció que el Mesías vendría sobre un pollino, cría de asna. Jesús cumplió esta profecía cuando entró en Jerusalén montado en un burro al principio de la semana antes de su crucifixión (ver Números 22:22-31; Zacarías 9:9; Mateo 21:1-11).

Camello. Estas desgarbadas criaturas se usaban típicamente como bestias de carga. Los camellos han sido siempre ideales para viajes en el desierto debido a su capacidad de conservar el agua en sus jorobas. Hay dos tipos de camellos en el Medio Oriente: los de una joroba y los de dos jorobas. Sus pieles también se utilizaban para cubrirse. Tanto Elías como Juan el Bautista estaban vestidos con pelo de camello. Jesús se refirió a los camellos al ilustrar sus sermones, señalando el absurdo de que un camello pasara a través del ojo de una aguja y de una persona que intentara tragarse un camello (ver 2 Reyes 1:8; Mateo 3:4; Mateo 19:24; 23:24).

León. Los leones eran poderosos enemigos en el mundo antiguo y en el Medio Oriente, y se les consideraba como símbolo de realeza. El patriarca Jacob bendijo a su hijo Judá y lo comparó con un león, diciendo que el cetro no se apartaría de su descendencia. Las Escrituras se refieren más tarde a Jesús como "el León de la tribu de Judá" (ver Génesis 49:9; Apocalipsis 5:5).

Leviatán. La Biblia describe al leviatán como una serpiente retorcida, un reptil en el mar al que Dios castigará, una bestia terrible a la que nadie sino Dios puede vencer. Las Escrituras dicen que Dios fácilmente aplasta la cabeza del leviatán. Esencialmente, el leviatán es como un juguete para Dios; esta poderosa y caótica bestia sucumbe al infinitamente mayor poder del Rey de reyes.

¿Qué era el leviatán? ¿Un dinosaurio? ¿Una orca? ¿Un gran tiburón blanco? Sea lo que sea, se presenta en la Biblia como la bestia asesina, más temible que todas las otras criaturas del mar. El hombre no era más que un juguete en comparación. Pero esta bestia no era rival para Dios (ver Isaías 27:1; Job 41; Salmos 74:14; 104:26).

Oso. Los osos eran animales temibles en el antiguo Cercano Oriente debido a su fuerza, tamaño y naturaleza impredecible. De hecho, cuando un grupo de jóvenes se burló de la calvicie del profeta Eliseo, dos osos salieron del bosque y mataron a 42 de ellos (2 Reyes 2:23-24). David, el pastor (más tarde rey de Israel), desarrolló las habilidades necesarias para defender a sus ovejas de los ataques tanto de leones como de osos. Esta habilidad posiblemente impresionó tanto al rey Saúl que dejó que el joven David peleara contra el gigante Goliat (1 Samuel 17:33-37).

Oveja. Las ovejas eran animales extremadamente importantes para la gente en los tiempos bíblicos; eran una forma de medir la riqueza. Su piel y su lana fueron usadas como ropa, y también proveían de comida para la gente. Las ovejas también fueron usadas para sacrificios a Dios.

En la celebración de la primera Pascua, mientras los israelitas aún estaban en Egipto, la sangre de corderos fue rociada en los postes de cada casa para impedir que el ángel de la muerte matara a los primogénitos de esa casa.

En el Nuevo Testamento, Juan el Bautista llamó a Jesús "el

Cordero de Dios", el último sacrificio cuya muerte quitaría el pecado del mundo (ver Éxodo 12; Isaías 53:7; Juan 1:29).

Serpiente o víbora. Debido a que muchas serpientes en el Medio Oriente son venenosas, no es difícil imaginar por qué las serpientes son vistas a menudo como peligrosas, astutas y símbolo del mal, criaturas que se deben evitar a toda costa. El término hebreo para serpiente (*nekjásh*) se derivó probablemente del sonido que proviene del silbido que emiten las serpientes.

Fue una serpiente la que tentó a Eva para que cometiera el primer pecado en la tierra. Aquella serpiente era más astuta que cualquier bestia del campo que Dios había hecho. El patriarca Jacob, en una profecía muy poco complaciente, comparó a su hijo Dan con una "serpiente junto al camino, víbora junto a la senda, que muerde los talones del caballo" (Génesis 49:17).

Definitivamente no es un término positivo. Juan el Bautista llamó a los líderes religiosos de Israel una generación de víboras, y al diablo se le conoce como la serpiente antigua (ver Génesis 3:1; 49:17; Mateo 3:7; Apocalipsis 12:9).

Una lección de las ovejas para la vida

Una de las ovejas de Dios

La Biblia a menudo se refiere a los seres humanos como ovejas. Pero no te emociones demasiado, ¡no es un cumplido! Las ovejas, generalmente conocidas por ser animales mudos, carecen de pensamiento e iniciativa propia. Son perezosas, fácilmente pueden extraviarse y frecuentemente caminan hacia el peligro. Según Isaías 53:6, somos como ovejas que no siguen a nadie, que siguen su propio camino y hacen lo que quieren. La mala noticia es que esta es nuestra naturaleza. Pero la buena noticia es que Dios envió a su Hijo Jesús para dirigirnos y cuidar de nosotros. Él es el Buen Pastor que conoce a sus ovejas y las llama por su nombre. Él dio su vida por los que creen en Él (ver Juan 10:7-18).

Lee Salmos 23. Observa todo lo que Jehová, el Buen Pastor, hace y hará por ti como su oveja. Él realmente puede satisfacer todas tus necesidades… si lo sigues. ¿Lo estás siguiendo de cerca hoy?

Salmos 23

Jehová es mi pastor; nada me faltará.
En lugares de delicados pastos me hará descansar;
Junto a aguas de reposo me pastoreará.
Confortará mi alma;

Me guiará por sendas de justicia por amor de su nombre.
Aunque ande en valle de sombra de muerte,
No temeré mal alguno, porque tú estarás conmigo;
Tu vara y tu cayado me infundirán aliento.

Aderezas mesa delante de mí en presencia de mis
   angustiadores;
Unges mi cabeza con aceite; mi copa está rebosando.
Ciertamente el bien y la misericordia me seguirán todos los
   días de mi vida,
Y en la casa de Jehová moraré por largos días.

Anticristo

El término griego *antíjristos* significa "en contra de Cristo", y el anticristo es descrito como el "hombre de anarquía" (NTV) que vendrá, profanará el templo en los últimos días y se declarará a sí mismo Dios. Muchos comentaristas bíblicos han aplicado este término a la bestia que se levanta del mar en Apocalipsis 13. Durante los últimos tiempos, esta bestia se ganará la devoción y la adoración de la gente en todo el mundo. También controlará la economía global. Sin embargo, al final Cristo conquistará a la bestia, el anticristo, y lo enviará al lago de fuego (ver Daniel 7:20-21; 9:26-27; 2 Tesalonicenses 2:1-12; 1 Juan 2:18, 22; 4:3; 2 Juan 7; Apocalipsis 13:16-17; 19:20).

Antiguo Testamento

El Antiguo Testamento es una colección de 39 libros escritos principalmente en el idioma hebreo, con unos cuantos versículos escritos en arameo. El Antiguo Testamento contiene creencias y enseñanzas (teología) de las que los escritores del Nuevo Testamento echaron mano. El Antiguo Testamento tiene tres partes:

Libros históricos. Los primeros 17 libros de la Biblia trazan la historia del hombre desde la creación hasta la destrucción de la nación de Israel. En el Pentateuco (los primeros cinco libros de la Biblia), Israel es escogido, redimido y preparado para entrar en una patria prometida. Los 12 libros históricos restantes registran la conquista de esta tierra, un período de transición durante el que los jueces gobernaron sobre la nación, la formación del reino y la división de ese reino en los reinos del norte (Israel) y del sur (Judá), hasta llevar finalmente a la destrucción y cautiverio de ambos reinos.

Libros poéticos. El siguiente conjunto de libros no está relacionado con experiencias históricas, sino más bien con experiencias del corazón humano. No avanzan en la narración de la historia de la nación de Israel. En cambio, a través del uso de la poesía hebrea, se adentran en las cuestiones del sufrimiento, la sabiduría, la vida, el amor y, lo más importante, el carácter y la naturaleza de Dios. Por último, sirven como enlace entre los libros históricos que tratan acerca del pasado y los libros proféticos que tratan acerca del futuro.

Libros proféticos. Esta es la última división, los Profetas, que consta de 17 libros y comprende aproximadamente una cuarta parte del

Antiguo Testamento. El oficio de profeta se estableció durante los días de Samuel. Los profetas, junto con los sacerdotes, eran los representantes especiales de Dios. Los hombres que escribieron estos libros eran llamados o designados para "hablar" en nombre de Dios mismo. Dios les comunicaba su mensaje a través de diversos medios que incluían sueños, visiones, ángeles, la naturaleza, milagros y una voz audible. Sus mensajes tenían la intención de exponer el pecado, llamar al pueblo a la ley de Dios, advertir acerca de la venida del juicio y predecir la venida del Mesías. Por desdicha, debido a la naturaleza de sus mensajes, los profetas a menudo fueron despreciados y sus vidas puestas en peligro.

Las tres partes del Antiguo Testamento

Libros históricos	Tema
Génesis	Comienzos
Éxodo	Liberación
Levítico	Instrucción
Números	Viajes
Deuteronomio	Obediencia
Josué	Conquista
Jueces	Liberación
Rut	Redención
1 Samuel	Transición
2 Samuel	Unificación
1 Reyes	Ruptura
2 Reyes	La dispersión
1 Crónicas	Historia espiritual de Israel
2 Crónicas	Herencia espiritual de Israel

Esdras	Restauración
Nehemías	Reconstrucción
Ester	Preservación

Libros poéticos

Job	Bendiciones a través del sufrimiento
Salmos	Alabanza
Proverbios	Sabiduría práctica
Eclesiastés	Sin Dios todo es vanidad
Cantares	Amor y matrimonio

Libros proféticos

Isaías	Salvación
Jeremías	Juicio
Lamentaciones	Lamento
Ezequiel	La gloria de Jehová
Daniel	La soberanía de Dios
Oseas	Infidelidad
Joel	El día de Jehová
Amós	Castigo
Adbías	Juicio justo
Jonás	La gracia de Dios para todos
Miqueas	Juicio divino
Nahum	Consuelo
Habacuc	Confianza en la soberanía de Dios
Sofonías	"El día grande de Jehová"

Hageo	Reconstrucción del templo
Zacarías	La liberación de Dios
Malaquías	Reprobación del formalismo

Apocalipsis

Apocalipsis es el último libro de la Biblia y es el gran final del mensaje de Dios para el ser humano. A diferencia de la mayoría de los libros de la Biblia, el Apocalipsis revela su propio tema en el primer versículo: "La revelación de Jesucristo". La Biblia es una obra literaria y debe ser leída y entendida literalmente como cualquier otra pieza de literatura escrita, y esto incluye los pasajes y los libros proféticos de la Biblia. Apocalipsis 1:19 brinda un esquema básico de las divisiones del libro; Jesús instruyó al apóstol Juan que escribiera:

- *"Lo que has visto"*. Juan escribió lo que estaba observando en su visión de Jesús (capítulo 1).

- *"Las cosas que son"*. Juan debe escribir sobre las siete iglesias y su estado espiritual actual (capítulos 2—3).

- *"Las cosas que tendrán lugar después de estas"*. Juan pasa a escribir sobre los eventos que tendrían lugar en algún momento en el futuro (capítulos 4—22).

Una lección del Apocalipsis para la vida

La última palabra la tiene Dios

La última verdad y promesa de Cristo en el libro de Apocalipsis, y en la Biblia, se presenta en Apocalipsis 22:20: "Ciertamente vengo en breve". ¿Cuál debe ser tu respuesta? El mismo versículo te lo dice. Tú, junto con el apóstol Juan, deben responder: "Amén; sí, ven, Señor Jesús".

Palabras de Jesús a las siete iglesias

(Apocalipsis 2—3)

Iglesia # 1: La iglesia sin amor: Éfeso
"Has dejado tu primer amor" (2:4)

Iglesia # 2: La iglesia perseguida: Esmirna
"Yo conozco… tu tribulación" (2:9)

Iglesia # 3: La iglesia poco exigente: Pérgamo
Tú toleras el pecado (2:14-15)

Iglesia # 4: La iglesia que se acomoda: Tiatira
Tú permites enseñanzas de prácticas inmorales (2:20)

Iglesia # 5: La iglesia sin vida: Sardis
"Estás muerto" (3:1)

Iglesia # 6: La iglesia obediente: Filadelfia
"Has guardado mi palabra, y no has negado mi nombre" (3:8)

Iglesia # 7: La iglesia tibia: Laodicea
"Ni eres frío ni caliente" (3:15)

Las siete iglesias en Apocalipsis 2—3

Apóstol

Un apóstol (del griego *apóstolos*) es uno que es enviado. En el contexto del cristianismo, el apóstol fue enviado de manera especial por Jesús para predicar las buenas nuevas. El término aparece por primera vez cuando los 12 discípulos fueron enviados inicialmente por Jesús para predicar que el reino de los cielos se ha acercado. Los apóstoles fueron descritos como el fundamento de la iglesia, el cuerpo de Cristo. Pablo también se consideró un apóstol de Cristo Jesús y señaló que los hombres no lo enviaron a predicar el evangelio, sino Jesús mismo (ver Mateo 10:2-5; Efesios 1:1, 2:20; Gálatas 1:1; Hechos 9).

Aquellos que llevan el título de *apóstol* en el Nuevo Testamento

Los 12 originales

Simón, también llamado Pedro

Andrés, el hermano de Pedro

Jacobo, el hijo de Zebedeo

Juan, el hermano de Jacobo e hijo de Zebedeo

Felipe, el que preguntó cómo Jesús alimentaría a los 5000

Bartolomé, también conocido como Natanael

Tomás, también conocido como el gemelo y uno que dudó

Mateo, el recaudador de impuestos

Jacobo, el hijo de Alfeo

Tadeo, también conocido como Judas, el hijo de Jacobo

Simón, el Zelote

Judas Iscariote, quien luego traicionó a Jesús

> *Otros que fueron llamados o considerados apóstoles*
>
> Matías, elegido más tarde para ocupar el lugar de Judas
>
> Saulo, llamado Pablo, escogido por Jesús para predicar a los gentiles
>
> Bernabé, Tito, Epafrodito y otros misioneros
>
> (Ver Mateo 10:1-4; Hechos 1:26; Romanos 1:1).

Una lección de los apóstoles para la vida

Mensajeros de las buenas nuevas

Aquí hay algo en que pensar: el primer grupo de "mensajeros de buenas noticias" fueron ordenados por Jesús y llamados apóstoles. Su ministerio cesó con la muerte de Juan, el último apóstol sobreviviente. El segundo grupo de mensajeros estaba formado por gente común, hombres como Bernabé, Tito, Epafrodito y otros, que compartían fielmente el evangelio.

¿Quiénes son los mensajeros de Dios en el día de hoy? Eres tú, si estás siguiendo los pasos de estos grupos y llevando el mensaje de Jesucristo a los que están a tu lado, alrededor de la cuadra, hasta el lugar de trabajo y hasta los confines de la tierra. Recuerda cómo has oído sobre las buenas nuevas del evangelio de Cristo. ¿A quién te envió Dios con el mensaje de salvación? Ahora, ¿sabes quién necesita escuchar de tu parte las buenas nuevas?

Ararat, Monte

Nadie puede apuntar de forma concluyente a un lugar preciso y señalar al singular monte Ararat. Las montañas de Ararat son una cordillera escarpada y escabrosa de montañas en la moderna Armenia. La Biblia dice que el arca de Noé reposó en uno de los montes de las "montañas de Ararat" cuando las aguas del diluvio comenzaron a disminuir. Por esta razón, hay mucha especulación, y varias expediciones han estimulado el interés en esta remota zona. Pero, en general, el término *monte Ararat* se aplica a una montaña alta y casi inaccesible que se levanta majestuosamente con una llanura a sus pies. Tiene dos picos, a unos once kilómetros de distancia: uno de 3100 metros y el otro de 4358 metros por encima del nivel de la llanura. Desde los 914 metros en adelante están perpetuamente cubiertos de nieve. Los persas la llaman Kuh-i-nuh ("Montaña de Noé"). La mayor parte de la búsqueda de pruebas del arca de Noé se concentra en este lugar en el día de hoy (ver Génesis 8:4).

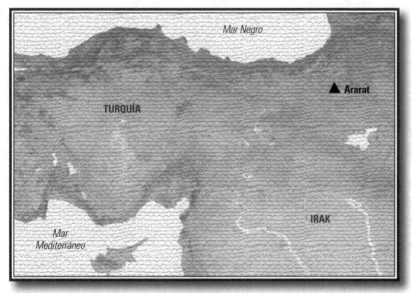

Monte Ararat

Arca de Noé

Dios le dijo a Noé que construyera un barco (hebreo *teba*, que significa "arca" o "caja") para protegerlo a él, a su familia y a dos de toda clase de animales, del primer y más grande diluvio del mundo. La construcción del arca fue comisionada por Dios para preservar a Noé y a su familia y un conjunto de machos y hembras de cada especie de animales para un largo período de permanencia (un año) en ella. ¿Qué tamaño de "barco" era necesario construir, capaz de albergar a más de 100.000 animales y sus alimentos… durante un año? Esta casa flotante oblonga estaba hecha de madera de gofer, calafateada con brea y era de

- 140 metros de largo
- 23 metros de ancho
- 15 metros de alto
- 3 niveles, cada uno de 5 metros de alto

El arca tenía una puerta lateral y una claraboya en el techo. Era una especie de barco, tan impresionante y complejo que a Noé le tomó 120 años construirla (ver Génesis 6:1-22).

Una lección del arca de Noé para la vida

¿Cuán grande es tu fe?

Se le ordenó a Noé que construyera un gigantesco barco, una embarcación del tamaño de un campo y medio de fútbol, por un fenómeno que aún no había ocurrido desde la creación del mundo: el diluvio. Sin embargo, Noé obedeció. ¿Puedes imaginar la fe que Noé exhibió mientras trabajaba en este proyecto… por 120 años?

La fe es descrita en la Biblia como la certeza de las cosas esperadas y la convicción de cosas que no podemos ver (Hebreos 11:1). Fe es confianza. Noé confió en Dios para hacer lo que Él dijo que haría en el futuro. Noé creía en algo que ningún ser humano jamás había visto ni oído antes. Por lo tanto, Noé llevó a cabo las instrucciones de Dios.

¿Qué tan grande es tu fe? Si es pequeña y vacilante, comienza con pequeños pasos de confianza en obediencia. Cuando aparece algo grande, como pasar toda una vida construyendo el bote salvavidas más grande del mundo, al igual que Noé, estarás listo para ¡comenzar a martillar!

¿Sabías que...?

El tamaño promedio de los animales terrestres es menor que el tamaño de una oveja. Hoy día hay unas 18.000 especies, e incluso si ese número se duplicara, el arca sería más que suficientemente grande para llevarlas todas. Tenía la capacidad de albergar a más de 100.000 animales del tamaño de una oveja. El arca definitivamente tenía espacio suficiente para todos, incluso las aves, los reptiles y los insectos, así como para el alimento para todas las criaturas y para Noé y su familia ¡por un año!

Arca del pacto

El arca del pacto fue construida por el pueblo de Israel bajo la instrucción de Dios y colocada en el lugar santísimo en el tabernáculo (y más tarde en el templo de Salomón). Estaba hecha de madera de acacia y tenía aproximadamente un metro con diez centímetros de largo, sesenta y cinco centímetros de ancho y sesenta y cinco de alto. Cuatro anillos de oro, dos en cada extremo, estaban sujetos a ella. Dos varas fueron insertadas a través de los anillos, una en cada lado, para que el arca pudiera ser levantada y movida. Sobre la tapa del arca estaba el propiciatorio, hecho de oro puro. A cada lado del propiciatorio había dos querubines de oro, uno frente al otro, con las alas extendidas. Las dos tablas con los Diez Mandamientos fueron guardadas dentro del arca, así como la vara de Aarón que reverdeció y un recipiente de oro con maná.

Una vez al año, el sumo sacerdote entraba en el lugar santísimo para hacer expiación por toda la nación de Israel. Si él o cualquier otra persona hubiera entrado en cualquier otro momento, hubiera muerto. El arca debía ser tratada con gran reverencia porque representaba la presencia misma de Dios. Aquellos que manipularon mal el arca del pacto se enfermaron o murieron (ver Éxodo 25:10-22; 1 Reyes 8:6-9; Hebreos 9:4, 7; 2 Samuel 6:7).

Una lección del arca del pacto para la vida

Vengan ante Dios con confianza

Toma un minuto y trata de imaginar esto: ubicada en el lugar santísimo, la gloria de Dios habitó por encima del arca del pacto. Solamente una persona, el sumo sacerdote, podía entrar en este lugar tan sagrado, y solo una vez al año, para esparcir sangre sobre el propiciatorio para expiar los pecados del pueblo. ¡Esta es una escena terriblemente aterradora! Pero gracias a Dios todo esto cambió cuando envió a su Hijo, Jesucristo, como el sacrificio perfecto y, por lo tanto, permanente para el pecado. Jesús expió los pecados de todos los que ponen su fe y confianza en Él. Como resultado...

- Tú y todos los creyentes de hoy en día tenemos libre acceso a Dios... todo el tiempo.

- Tienes la bendición de vivir en la constante presencia de Dios, sabiendo que Él está siempre contigo.

- Puedes ir audazmente ante Dios en cualquier momento, sin miedo y con plena confianza.

- Puedes acercarte a Dios y recibir su misericordia cuando fallas.

- Puedes encontrar fuerza espiritual y gracia siempre que lo necesites (Hebreos 4:16).

Ven ahora delante de Él, dale gracias por la libertad que disfrutas al adorar y caminar con Él, una libertad que Jesucristo aseguró para ti a un alto costo.

Armadura de Dios

Los cristianos son exhortados a vestirse con piezas específicas de la armadura espiritual, provista por Dios como protección para la batalla diaria de la vida en contra del diablo y el pecado (ver Efesios 6:11-17).

▶ Ceñidos los lomos con la verdad

▶ La coraza de justicia

▶ Calzados con el evangelio de la paz

▶ El escudo de la fe

▶ El yelmo de la salvación

▶ La espada del Espíritu

Lista de comprobación para la victoria espiritual

¿Qué puedes hacer para equiparte y prepararte para la batalla hoy día… y todos los días?

✓ No subestimes el poder de tu enemigo, Satanás.

✓ No descuides vestir la armadura que Dios provee.

✓ No te olvides de orar para estar fuerte en el poder de Dios.

✓ No olvides que estás en una batalla espiritual cada minuto de cada día.

> "Vestíos de toda la armadura de Dios,
> para que podáis estar firmes
> contra las asechanzas del diablo".
> (EFESIOS 6:11)

Arrepentimiento

Tanto en el Antiguo como en el Nuevo Testamento, el término *arrepentimiento* significa "ir en sentido opuesto". Así que arrepentirse de los pecados de uno es darse la vuelta y volverse a Dios. Cuando Jesús comenzó su ministerio, predicó que todos debían arrepentirse porque el reino de los cielos se ha acercado. La gracia de Dios nos salva cuando reconocemos nuestro pecado, nos arrepentimos y volvemos a Jesús. Por medio de su muerte nos reconciliamos con Dios cuando ponemos nuestra fe en Él (ver Mateo 4:17).

Asiria

Los asirios eran descendientes de Asur, hijo de Sem (hijo de Noé). La región de Asiria estaba situada al este del río Tigris y su capital era Nínive. En 738 a.C., los asirios invadieron Israel (el reino del norte). Los asirios estaban en camino de convertirse en una potencia mundial, mientras que los países vecinos, Siria, Israel y Judá, estaban declinando.

En 722 a.C., los asirios llevaron a todo el pueblo de Samaria y al reino de Israel en cautiverio. Continuaron construyendo su imperio hasta que Nínive, la poderosa ciudad capital, fue saqueada por los babilonios en 612 a.C. (ver Génesis 10:22; 2 Reyes 15:19; 17—18).

Asuero (Jerjes)

Asuero (también conocido como Jerjes) gobernó Persia de 486 a 465 a.C. Es conocido por sus muchos intentos fallidos de expandir su imperio y sus conflictos con Grecia. Ambas cosas tuvieron un impacto negativo en la economía de Persia. El libro de Ester relata que, como Asuero estaba disgustado con su esposa Vasti, la reemplazó por la judía Ester. Esta usó su posición con Asuero para salvar a su pueblo de un complot perverso ideado por el malvado Amán (ver *Ester*).

Augusto (César)

Augusto (también conocido como Octavio) nació en el 63 a.C. Era el sobrino nieto de Julio César y fue adoptado como su hijo. Se convirtió en el primer emperador romano cuando ganó la batalla de Actio en 31 a.C. Palestina estaba bajo su dominio cuando Jesucristo nació. Debido a que César Augusto emitió un decreto de que todos los ciudadanos del imperio tenían que regresar a sus ciudades de nacimiento para un censo, Jesús nació en Belén en lugar de la ciudad natal de sus padres, Nazaret. Esto cumplió la profecía predicha por Dios 500 años antes a través del profeta Miqueas.

Los gobernantes romanos eran considerados dioses; sin embargo, el pequeño bebé nacido en un establo de animales en una ciudad bajo el gobierno de este "dios" era el verdadero Dios, Dios en carne, el que gobernaría todo en el cielo y en la tierra. Augusto murió en el 14 d.C.; Jesús vive para siempre (ver Lucas 2:1; Miqueas 5:2).

B

Baal

Baal era el dios más popular de Canaán, donde Dios había enviado a su pueblo para tomar posesión y habitar. Baal era un ídolo que tenía la forma de toro, el símbolo de fuerza y fertilidad. Él era el dios del sol, de las lluvias y de la cosecha. El culto a Baal también incluía la prostitución.

Los israelitas enfrentaban diariamente la tentación del culto a Baal. Una y otra vez fracasaron, y Dios tuvo que castigar a su pueblo para que regresara a Él. El enfrentamiento más famoso entre el culto a Baal y la adoración a Dios ocurrió cuando Elías, el profeta, desafió a los sacerdotes de Baal a ofrecer sacrificios y así determinar quién era el único Dios verdadero. Los 450 profetas de Baal no pasaron la prueba, así que Elías los mató (ver 1 Reyes 18:25-40).

Babel, Torre de

La famosa historia de la torre de Babel comenzó cuando existía un solo idioma que hablaba la gente en toda la tierra. Algunos viajaron al este y se establecieron en la tierra de Sinar. Allí decidieron construir una torre alta que les diera reputación de grandeza. Ellos creían que esta torre les impediría estar dispersos por la tierra. La torre era probablemente un zigurat, una antigua estructura mesopotámica. Tales edificios eran generalmente de forma piramidal y de unos 100 metros de alto y ancho; edificios imponentes que se podían ver desde distancias lejanas. Pero Dios intervino confundiendo su idioma, lo que hizo que el pueblo se dispersara por toda la tierra. Como resultado, la ciudad que estaban construyendo fue llamada "Babel" (Babilonia) porque Dios "confundió" (del hebreo *balal*) su idioma (ver Génesis 11:1-9).

Babilonia

Babilonia era una ciudad malvada y un imperio inmoral. Era un centro mundial para la adoración de ídolos. En tres ocasiones, esta poderosa nación invadió Judá y se llevó cautivos a Babilonia (Daniel y sus amigos Sadrac, Mesac y Abed-nego eran jóvenes que fueron llevados durante una de las deportaciones a Babilonia).

Las riquezas de Babilonia provienen de las desgracias de otros. El profeta Isaías predijo su destrucción unos 200 años antes de que Babilonia se convirtiera en parte del Imperio persa en 539 a.C., cuando Ciro la invadió y conquistó. Debido a que Babilonia fue el lugar de nacimiento de la idolatría, en el Nuevo Testamento simboliza a los que se oponen a Dios (ver Isaías 13; Apocalipsis 14:8).

Barrabás

Durante los tiempos bíblicos existía la costumbre judía de liberar a un prisionero en la Pascua. Un violento revolucionario, ladrón y asesino llamado Barrabás fue encerrado en una celda de Jerusalén en 30 d.C. Después de que Jesús fue arrestado en el huerto de Getsemaní, el gobernador romano Poncio Pilato preguntó al pueblo, que se hallaba celebrando la Pascua, cuál querían que fuera liberado, si Barrabás o Jesús. Pilato, que creía que Jesús era inocente, se asombró cuando la multitud eligió dejar libre a Barrabás e insistió en que Jesús fuera crucificado. En un esfuerzo por complacer a la multitud, Pilato soltó a Barrabás y les dio a Jesús, el Hijo de Dios perfecto y sin pecado, para ser crucificado (para la historia de Barrabás, ver Mateo 27:15-26).

Una lección de Barrabás para la vida

Libre a través de la sangre de Jesús

Barrabás era un pecador endurecido, había robado y matado; no había duda de su culpa o de que no fuera digno y merecedor de muerte. Sin embargo, Jesús, el Cordero de Dios perfecto y sin pecado, fue ejecutado en lugar de Barrabás, mientras que este fue declarado libre, absuelto de todo mal. ¿Te suena familiar? La Biblia dice que todos han pecado... incluyéndote a ti. Pero la Biblia también dice que Cristo murió por los pecadores. Jesús tomó el lugar de Barrabás en la muerte... y también tomó tu lugar. Pagó por los pecados de Barrabás... y por los tuyos también. Esperemos que hayas respondido al don gratuito de la vida eterna de Dios, comprado y pagado por la sangre de Jesucristo. Si no lo has hecho, abre tu corazón a Él ahora mismo, acepta su perdón total, y recíbelo como tu Salvador.

Bautismo

En el antiguo judaísmo, los lavamientos ceremoniales sirvieron como un proceso de purificación para eliminar las impurezas de un judío. En los días de Jesús, había un lavamiento de una sola vez que significaba que un gentil se había convertido en judío. Pero el bautismo de Juan el Bautista era *tanto* para los judíos como para los gentiles. Juan explicó que su bautismo no era el definitivo. Él bautizó con agua para arrepentimiento, pero Jesús, que venía después de él, sería más poderoso. Juan le dijo a la gente que Jesús los bautizaría con el Espíritu Santo y fuego, no simplemente con agua (Mateo 3:11).

El bautismo de Juan, o el bautismo en agua, no puede salvar a una persona, sirve como una declaración pública de la fe en Jesús, además del compromiso de caminar con Él. La salvación viene cuando la persona pone la fe en Jesús, en su muerte sacrificial y resurrección.

Una lección del bautismo para la vida

El bautismo es señal de fe

El bautismo es una de las dos únicas ordenanzas en la iglesia cristiana de hoy en día, la otra es la Cena del Señor o Comunión. El bautismo fue ordenado por el mismo Señor en Mateo 28:19. Fue practicado a través del libro de los Hechos y explicado en las epístolas del Nuevo Testamento, y está acompañado por una profesión de fe. No hay ninguna otra razón, sino el mandato de nuestro Señor, que es justificación suficiente, para que un creyente sea bautizado. En la iglesia primitiva, no había tal cosa como un creyente no bautizado.

El bautismo es una expresión exterior simbólica y hermosa de una creencia interior. ¿Has puesto tu confianza en Cristo, y la has dado a conocer a los demás de esta manera pública?

Bernabé

El libro de Hechos menciona a un hombre en la iglesia primitiva llamado José, que fue llamado Bernabé por los apóstoles. El arameo *bar naba* significa "hijo de un profeta, o profecía, o consuelo". Lucas, el escritor del libro de Hechos, traduce el nombre de Bernabé como "Hijo de consolación", nombre que Bernabé lo ejemplificó hasta el final de sus días. Bernabé fue quien primero se levantó para estar con el apóstol Pablo cuando los creyentes en Jerusalén le tenían temor. Sabían que Pablo había perseguido a los cristianos, y no estaban seguros de si realmente era un creyente en Jesús o lo simulaba. Pensaban que Pablo estaba tratando de calmarlos para que bajaran la guardia para que él, un conocido enemigo de los cristianos, pudiera llevarlos a la cárcel.

Bernabé se convirtió en un respetado líder de la iglesia y posteriormente se unió a Pablo en algunos de sus viajes misioneros. Antes de un viaje, él y Pablo se separaron cuando los dos tuvieron un desacuerdo agudo sobre si debían o no llevar a Juan Marcos, un joven que, por alguna razón desconocida, los abandonó en un viaje anterior (ver Hechos 4:36 y 15:36-41).

Una lección de Bernabé para la vida

Creyendo lo mejor de los demás

Hoy necesitamos más gente como Bernabé. ¿Por qué? Porque todo el mundo necesita aliento… y alguien que lo anime. Es fácil criticar y calumniar a los demás, pero construir positivamente a otros a través del estímulo es un acto de amor. Bernabé creía en Pablo cuando todos los demás dudaban de él. Bernabé tenía razón, pues Pablo posteriormente escribió 13 libros del Nuevo Testamento y plantó muchas iglesias en todo el mundo romano.

Bernabé también creyó en la capacidad de Juan Marcos para servir fielmente a Cristo y a la causa de la iglesia cuando Pablo no lo hizo. ¿El resultado? Juan Marcos se unió más tarde a Pablo, e incluso al equipo misionero de Bernabé, y también escribió uno de los cuatro Evangelios.

¿A quién puedes tú acompañar y alentar? Creer lo mejor en cuanto a otra persona es creer en el poder de Dios para cambiar una vida, cualquier vida. Dios no ha renunciado a ti, así que tú tampoco renuncies a los demás.

¿Sabías qué…?

Bernabé fue una de las primeras personas en la iglesia primitiva en vender su propiedad y entregar ese dinero a los apóstoles para ser usado por los más necesitados.

Biblia

La palabra española *Biblia* proviene del griego *tá biblia*, que significa "los libros". La Biblia es literalmente una colección de libros, todos los cuales fueron inspirados por Dios y son útiles para equipar a su pueblo para toda buena obra. Todos los libros de la Biblia han sido "canonizados" u oficialmente reconocidos como divinamente autoritativos (ver 2 Timoteo 3:16-17).

¿Cómo se escribió la Biblia y cuál es su mensaje? Los 66 libros de la Biblia fueron escritos en el transcurso de 1500 años aproximadamente por una variedad de diferentes autores que vivieron en diferentes épocas en el antiguo Medio Oriente. Milagrosamente, todos estos libros presentan un mensaje unificado: Dios nos creó y nos ama a pesar de nuestra rebelión en su contra, y Dios quiere que entremos en una relación correcta con Él. Dios demostró su asombroso amor por nosotros por el hecho de que Jesús murió por nosotros mientras éramos todavía pecadores (ver Romanos 5:8).

¿Es la Biblia un libro útil para nosotros hoy en día? ¡Absolutamente! Aunque los libros individuales de la Biblia fueron escritos con audiencias específicas en mente, la Biblia es para nosotros hoy en día también. Dios orquestó la producción de las Escrituras, y usó a cada uno de los autores para producir el mensaje que Él quería comunicar al mundo entero.

¿Qué significa 2 Timoteo 3:16-17 cuando dice que la Biblia es inspirada por Dios? En pocas palabras, los términos griegos que nos dan el significado de estas palabras en español significan el espíritu de Dios, el viento o el aliento. Es decir, la Biblia es inspirada o exhalada por Dios, y llegó a nosotros cuando el Espíritu Santo guió a los escritores bíblicos, personas en forma individual, para componer lo que ellos escribieron.

Una lección de la Biblia para la vida

Dios no está callado

Si quieres que los demás sepan algo de ti, ¿cómo lo harías saber? Tú podrías dejar pistas visibles de tu existencia, como pinturas o una construcción que hubieras hecho, o podrías escribir una carta o enviar un correo electrónico. Bueno, Dios hizo algunas de estas mismas cosas para hacerte saber acerca de Él. Toda la creación, obra de Dios, habla de su existencia. Pero una prueba más tangible es la Biblia, escrita por Dios mismo, el único libro que dice ser, y es, inspirado por Dios. La Biblia registra el principio y el fin de todo tiempo y de todas las cosas. Registra con precisión la historia de Dios de esperanza y salvación. Cualquier buscador honesto tendrá sus dudas contestadas si simplemente va a leer el mensaje de Dios. Si estás dudando de la existencia de Dios, lee la Biblia y aprende sobre Él. Si tú eres un creyente en Él, lee la Biblia para descubrir y entender las instrucciones de Dios para tu vida. La Biblia es su hoja de ruta para tu vida.

> La Biblia está viva,
> y me habla.
>
> —Martín Lutero

C

Caída

La caída de la humanidad en el pecado se describe en Génesis 3, cuando Eva fue engañada por la astuta serpiente y tomó el fruto que Dios le prohibió comer. Ella también dio a Adán quién también comió, desobedeciendo a Dios. Dios los enfrentó a ambos, y los expulsó del huerto del Edén, donde habían vivido. Fue a causa de la caída que el pecado se propagó a toda la humanidad. Nuestro pecado nos separa de Dios y nos condena a vivir una eternidad lejos de Él. La respuesta de Dios a la caída fue enviar a su Hijo Jesús a morir en la cruz y tomar el castigo de nuestro pecado sobre sí mismo y resucitar, conquistando así el poder del pecado. Aquellos que creen en Cristo como Salvador serán salvos y disfrutarán de la eternidad en la presencia de Cristo (para aprender más sobre la caída, lee Génesis 3).

Caifás

Caifás era el sumo sacerdote judío el año en que Jesús fue crucificado. Era educado, experimentado y experto en resolución de problemas y persuasión. También fue cómplice de la conspiración para matar a Jesús; usó su posición y todas sus habilidades para convencer a otros de que arrestaran y ejecutaran al Hijo de Dios. Después de que Jesús resucitó milagrosamente de entre los muertos a Lázaro, los principales sacerdotes y fariseos convocaron a un concilio para discutir el asunto de qué hacer con Jesús. Los fariseos temían que su popularidad provocara la ira de Roma contra ellos. Caifás regañó a los fariseos por su temor, explicando que era mejor para ellos que un hombre muriera por el pueblo en lugar de perecer toda la nación. Caifás es un ejemplo de cómo Dios usa a un hombre malo para sus propósitos. En este caso, Dios usó las palabras del sumo sacerdote como una profecía sobre la naturaleza sustitutiva de la muerte de Jesús (para la historia de Caifás, ver Mateo 26:57-68; Juan 18:12-28. Ver también Juan 11:49-50).

Caín

Caín era el hijo primogénito de Adán y Eva, hermano mayor de Abel. Debido a que Abel presentó a Dios un sacrificio aceptable y Caín no, Caín se puso celoso de Abel y lo mató a sangre fría. Dios enfrentó a Caín por su crimen, maldiciéndolo a vagar por la tierra como un fugitivo. Caín se quejó ante Dios de que si alguien lo encontraba lo mataría. Dios respondió que quien lo matara sufriría consecuencias terribles. Dios entonces puso una marca en Caín para evitar que la gente lo matara. Caín salió de la presencia de Dios y se estableció en la tierra de Nod, al este de Edén, que es aparentemente donde conoció a su esposa. Caín tuvo un hijo llamado Enoc, después de lo cual nombró así a una ciudad que él construyó (para la historia de Caín, ver Génesis 4:1-17).

¿Sabías qué...?

La marca que Dios colocó en Caín fue una señal para advertir a bárbaros y violentos que no mataran a Caín, ya que quien lo hiciera sería severamente castigado por Dios mismo. La marca de Dios también sirve como un recordatorio de que Él cuida incluso de los peores criminales, incluso aquellos como Caín, quien asesinó a su propio hermano. Dios está empeñado en extender su amor y misericordia a quien no se la merece. Dios no se rinde ante la gente, tampoco deberías hacerlo tú.

Bosquejo del trasfondo

Algunos hechos sobre Caín:

▶ Fue el primer ser humano en nacer.

▶ Fue el primer asesino.

▶ Fue agricultor de profesión.

▶ Su nombre significa "adquirir" u "obtener".

Calendario hebreo

El calendario hebreo difiere significativamente del gregoriano. Fue así como los escritores bíblicos fecharon los acontecimientos:

Nombre	Mes	Equivalente a...
Nisán (Abib)	1	marzo-abril
Iyyar (Zif)	2	abril-mayo
Siván	3	mayo-junio
Tamuz	4	junio-julio
Ab	5	julio-agosto
Elul	6	agosto-septiembre
Tisrí (Etanim)	7	septiembre-octubre
Marjesván (Bul)	8	octubre-noviembre
Quisleu	9	noviembre-diciembre

Tebet	10	diciembre-enero
Sebat	11	enero-febrero
Adar[5]	12	febrero-marzo

Canaán

Canaán era el nieto de Noé, y la tierra que llegó a tener su nombre es ahora Israel y Palestina. Como región, Canaán fue mencionada por primera vez en Génesis 11:30-32, cuando Dios le dijo a Abraham que dejara a su propio pueblo y se estableciera en una tierra nueva, llamada Canaán, que se convertiría en la tierra que Dios les prometió no solo a Abraham, sino también a Isaac, Jacob y a sus descendientes para siempre. Moisés más tarde llevaría al pueblo de Israel desde Egipto a este lugar también conocido como la Tierra Prometida.

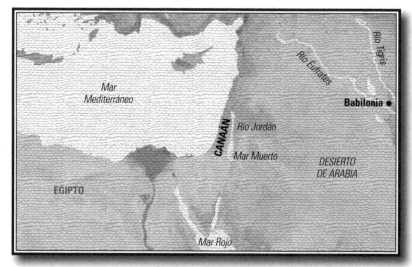

La tierra de Canaán

5. Adar-Sheni es el decimotercer mes, pero aparece solo en el año bisiesto judío.

Cielo

En la Biblia, la frase "los cielos y la tierra" describe el universo entero, como en Génesis 1:1. Según la comprensión bíblica, hay tres cielos; los dos primeros son visibles, y el tercero es invisible.

- *Primer cielo.* El primer cielo o cielos también es conocido como firmamento o expansión (ver Génesis 2:19).

- *Segundo cielo.* El segundo cielo es el del sol, la luna y las estrellas. Se refiere a todos los cuerpos celestes. Un día, este cielo, el universo físico, será destruido y reemplazado por Dios con un nuevo cielo y tierra (ver Deuteronomio 17:3, 2 Pedro 3:10-13).

- *Tercer cielo.* El tercer cielo es el dominio de Dios. El apóstol Pablo escribió a los corintios acerca de un hombre (probablemente él mismo) que fue levantado hasta el tercer cielo. Después de su resurrección, Jesús subió al cielo, ahora está preparando un lugar para los creyentes y regresará por ellos (ver 2 Corintios 12:2; Marcos 16:19; Juan 14:2).

Circuncisión

La circuncisión fue practicada extensamente por muchas naciones a través del Medio Oriente. En el judaísmo, sin embargo, la circuncisión sirvió como señal del pacto de Dios con Abraham. Era una señal de que Abraham originaría muchas naciones y que Dios le daría a él y sus descendientes la tierra de Canaán para siempre (Génesis 17). En el Nuevo Testamento, la circuncisión a menudo entró en conflicto con el concepto de gracia. Algunos creyentes judíos les exigieron a los gentiles el ser circuncidados y que observen la ley mosaica si querían ser cristianos. Sin embargo, el apóstol Pablo dijo que para los gentiles (o cualquier persona) aceptar la circuncisión como parte de su salvación o posición delante de Dios era despreciar la gracia provista por Cristo a través de su muerte en la cruz (Gálatas 5:2-4). Esta visión bíblica sostenida por Pablo fue afirmada por los líderes judíos en una reunión especialmente celebrada en Jerusalén en Hechos 15 (ver Génesis 17; Gálatas 5:2-4; Hechos 15).

Cirenio

Cirenio fue el gobernador de Siria durante el tiempo del nacimiento de Jesús (ver Lucas 2:2).

Colosas

Colosas era una ciudad situada a unos 150 kilómetros al este de Éfeso, situada en el río Lico. Estaba en medio de lo que hoy es Turquía. Esta ciudad fue influyente e importante en su día. Era un cruce donde no solo se comerciaban y vendían mercancías, sino que se intercambiaban, discutían e introducían ideas y creencias religiosas. Muchos judíos habían huido de Jerusalén a Colosas debido a la persecución de Antíoco III y Antíoco IV, unos 200 años antes de Cristo.

Un hombre llamado Epafras fue probablemente el fundador de la iglesia allí. Debido a influencias externas, las falsas creencias comenzaron a deslizarse hacia la iglesia de Colosas. Esto es lo que hace que el apóstol Pablo escribiera una carta a la iglesia, el libro de Colosenses en la Biblia. Él les escribió para señalarles las falsas enseñanzas en la iglesia y recordarles la supremacía y suficiencia de Cristo y solo Cristo (ver Colosenses 1:7).

Colosas

Comunión

Durante su última cena de Pascua en la tierra, Jesús partió el pan (*matzá* o pan sin levadura), dio una bendición e instruyó a sus discípulos a comer el pan, refiriéndose a él como su cuerpo. Luego les dijo que bebieran de una copa de vino, refiriéndose al vino como la sangre del nuevo pacto para la remisión de los pecados. La última Pascua se convirtió en la base de lo que los cristianos ahora celebramos como la "Comunión". El apóstol Pablo explicó este acontecimiento a los corintios cuando describió cómo el pan y el vino representaban el cuerpo partido de Jesús que derramó su sangre para el perdón de pecados. Luego exhortó a los creyentes a compartir el pan y beber de la copa. Al hacerlo, estarían proclamando la muerte del Señor hasta su segunda venida. Por eso es que los cristianos tomamos la Comunión o la Cena del Señor hoy en día, para recordar y dar gracias por la muerte de Jesús en nuestro lugar (ver Mateo 26:26; 1 Corintios 11:26).

Nombres usados para la comunión

Nombre	Significado
La Cena del Señor	Indica "recordar" o "hacer memoria" de la comida pascual que Jesús compartió con sus discípulos.
Eucaristía	Significa "acción de gracias" porque en la Comunión damos gracias por la muerte de Jesús en nuestro nombre.
Comunión	Señala el "compartir" que disfrutamos con Dios y otros que confían y creen en Él.

Corinto

Corinto, una gran ciudad de Grecia situada al suroeste de Atenas, era una metrópolis bulliciosa del antiguo mundo grecorromano. Era conocida por su rampante inmoralidad y decadencia. Corinto también era famosa por su templo a Afrodita, la diosa griega de la belleza. También tenía más de una docena de otros templos paganos, con cientos de personas que ejercían la prostitución sagrada.

El apóstol Pablo permaneció en Corinto durante 18 meses durante su segundo viaje misionero. Fue en Corinto donde conoció a Priscila y Aquila, que lo llevaron a su casa y se convirtieron en poderosos socios en el ministerio de compartir el evangelio de Cristo. Con el tiempo, Pablo escribió dos cartas a los creyentes de Corinto, 1 y 2 Corintios, para corregir sus problemas, reparar su división, responder a sus preguntas y enseñarles cómo permanecer moralmente limpios en un ambiente inmoral... ¡que Corinto ciertamente lo era!

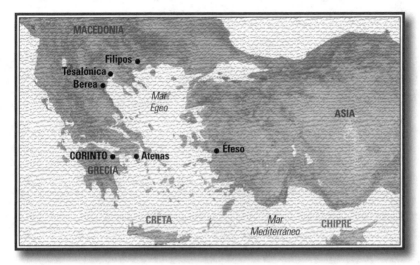

Corinto

Lo que Dios te ha dado para poder permanecer moral en un mundo inmoral

Según 1 Corintios 1:2-9…

- Él te limpió del pecado.

- Él te ha separado del mundo.

- Él te ha dado su gracia.

- Él te ha hecho espiritualmente rico en todos los sentidos.

- Él ha prometido mantenerte fuerte hasta el final.

Cristo

El griego *jristós* (Cristo) es una traducción del hebreo *mashíaj* (Mesías). Así que cuando la Escritura llama al Hijo de Dios "Jesucristo" o "Cristo Jesús", está haciendo una afirmación teológica sobre Él. Como Mesías, la misión de Jesús no era meramente política (como era la expectativa común de la época), sino mucho mayor que eso. Su misión era salvar al pueblo de Israel y al resto del mundo de sus pecados. Cuando Jesús fue a la sinagoga de Nazaret y leyó de Isaías 61 acerca del ungido que Dios enviaría para ministrar la salvación y el consuelo, anunció que Él era aquel cumplimiento de la profecía. Jesús era el libertador mesiánico prometido en las Escrituras hebreas. Después de que Andrés, su discípulo, descubriera quién era Jesús, fue a su hermano Simón y le dijo que había encontrado al Mesías, que traducido significa "Cristo". El Antiguo Testamento está lleno de profecías de la venida de Jesús, el Cristo, el Mesías (ver *Ungido* e Isaías 53; Juan 1:41; Isaías 61:1-2; Lucas 4:16-21).

La venida de Jesús el Mesías

Profecías del Antiguo Testamento	Cumplimiento en el Nuevo Testamento
Miqueas 5:2. Belén como el lugar de su nacimiento	Mateo 2:1-6
Isaías 7:12. Nacimiento virginal	Lucas 1:34-35
Isaías 7:14. Su venida como Emanuel, "Dios con nosotros"	Mateo 1:20-23
Zacarías 9:9. Su entrada triunfal en Jerusalén	Mateo 21:1-11
Isaías 50:6. El abuso físico que sufriría durante su prueba	Mateo 27:30; Juan 19:3
Génesis 3:15. Su triunfo sobre Satanás	Lucas 4:14-15

"Que os ha nacido hoy, en la ciudad de David, un Salvador, que es CRISTO el Señor".
(LUCAS 2:11)

Cruz

La cruz era el cruel instrumento usado para ejecutar la pena de muerte. Roma ejecutó a sus peores criminales en una cruz. Los ciudadanos romanos estaban exentos de la ejecución en una cruz. Debido a que la cruz era una forma tan vil de castigo, estaba reservada para lo peor de lo peor. La palabra *crucifixión* viene de dos palabras latinas que significan "fijado a una cruz".

Después de que Jesús fue arrestado, los líderes religiosos judíos lo acusaron de blasfemia, cuyo delito era castigado con la muerte por lapidación. Pero el pueblo judío no estaba autorizado bajo el gobierno romano a ejecutar sentencias de muerte, a pesar de que probablemente ocurrían lapidaciones. Por lo tanto, los líderes judíos incitaron a una multitud de personas a exigir que Jesús fuera ejecutado por los romanos como un enemigo de Roma. Para completar su caso, los líderes judíos afirmaron que Jesús decía ser Dios, lo cual era una violación del derecho romano, que afirmaba que el César era dios. Pilato, el gobernador romano de la región, fue presionado para condenar a muerte a Jesús. Él es el que entregó a Jesús a los soldados romanos, que clavaron sus manos a las vigas de la cruz, también clavaron sus pies en el poste vertical de la cruz. La cruz fue entonces levantada y colocada en un agujero, dejando a Jesús expuesto a los sufrimientos. La muerte por crucifixión era terriblemente dolorosa, y la mayoría de las víctimas morían generalmente de asfixia debido a los fluidos corporales acumulados en los pulmones. Sin embargo, Jesús voluntariamente entregó su espíritu y murió. Nadie le quitó la vida; Él voluntariamente entregó su vida (ver Mateo 26:65; Marcos 15:6-15; Levítico 24:16; Juan 18:31, 19:30).

Una lección de la cruz para la vida

Haciendo la cruz algo personal

Por causa del pecado, toda la humanidad ha perdido la gloria de Dios (Romanos 3:23), lo que significa que todas las personas, incluso tú, merecemos la ira de Dios. Pero Dios envió a su Hijo Jesús a morir y pagar el castigo por los pecados de aquellos que creen en él (Juan 3:16; Romanos 5:9). La cruz fue simplemente el instrumento por el que la muerte de Cristo fue cumplida. La cruz está vacía, lo que significa que la pena ha sido pagada. ¿Has aceptado la muerte de Cristo por ti? El precio ha sido pagado. ¿Por qué no aceptar la oferta del perdón de Dios a través de Jesucristo?

D

Damasco

La ciudad de Damasco, situada en Siria, es una de las ciudades bíblicas más antiguas. Era un centro comercial clave a unos 150 kilómetros al noreste de Jerusalén. Eliezer, siervo de Abraham, era de Damasco. El apóstol Pablo viajó a Damasco para arrestar a los seguidores de Jesús, pero su viaje fue interrumpido por un encuentro con el mismo Jesús resucitado y su vida fue cambiada para siempre (ver Génesis 15:2; Hechos 9:1-27).

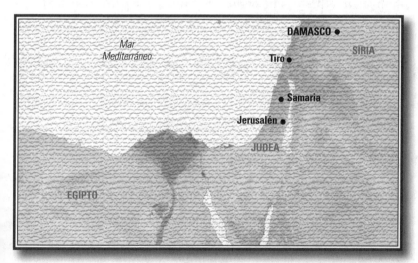

Damasco

Daniel

Daniel es el nombre de un libro autobiográfico de la Biblia, y también de un personaje destacado en la Biblia. Daniel (que significa "Dios es mi juez") era solo un adolescente del reino del sur, Judá, cuando fue llevado a Babilonia como cautivo en 605 a.C. por el rey Nabucodonosor. Una vez allí, se le dio un nuevo nombre y se le conoció como Beltsasar, que significa "al que Bel favorece". Al dar a Daniel este nombre, Nabucodonosor estaba tratando de cambiar la lealtad de Daniel hacia Jehová Dios de Judá, al dios de Babilonia. Pero ¡su plan fracasó rotundamente! (ver Daniel 1:1-21).

Daniel era un hombre justo que evitaba cualquier cosa que comprometiera su fe. Debido a su solidez moral y a la sabiduría dada por Dios, fue colocado en altos cargos en los gobiernos babilónico y persa. Daniel también se convirtió en un confiable intérprete de sueños. No solo entendió los sueños del rey Nabucodonosor, sino que también interpretó la misteriosa escritura en la pared que predijo la caída del rey Belsasar. El libro de Daniel es un registro de la vida y los tiempos de uno de los hombres más justos en el Antiguo Testamento. Debido a que Daniel era de un carácter tan destacado, Dios lo llamó "muy amado" en tres oportunidades; además le reveló cosas que sucederían en un futuro lejano y durante los últimos tiempos (ver Daniel 5:13-30; 9:23; 10:11, 19).

Daniel mantuvo un firme compromiso con Dios por el resto de su vida, en una tierra lejana y pagana, y sigue siendo conocido como un hombre que fue fiel a Dios, incluso cuando su vida fue amenazada y fue arrojado a un foso de leones. Dios libró a Daniel, su fiel siervo, de los feroces leones y de los acusadores malvados, cuyas familias fueron asesinadas en su lugar (ver Daniel 6:18-24).

Una lección de Daniel para la vida

Retrato de un compromiso

Daniel muestra que puedes confiar en Dios incluso en tiempos de gran adversidad. A lo largo de su extensa vida, Daniel permaneció totalmente comprometido con Dios a pesar de servir en áreas políticas dentro de las sociedades laicas y paganas. Era una persona de gran integridad y fe, cuya total honestidad y lealtad le ganaron el respeto y la admiración de poderosos gobernantes paganos. ¡La relación de oración de Daniel con Dios le permitió vivir incorrupto y ejercer gran influencia en el centro de dos potencias mundiales durante más de 80 años! Daniel confiaba en Dios y estaba totalmente comprometido a servirle sin importar el costo. Debido a su relación con Dios, Daniel...

- se negó a contaminarse con la comida del rey
- oró para ofrecer la interpretación de Dios sobre la visión del rey
- alabó a Dios en público
- enfrentó al rey sobre su propio orgullo
- oró a pesar del decreto del rey de que nadie debía orar a Dios
- pidió el perdón de Dios para sí mismo y para el pueblo

Daniel proporciona un modelo inspirador de cómo poner en alto a Dios en una sociedad secular. Sigue el ejemplo de Daniel, comprométete a defender la verdad y la rectitud. Sirve fielmente a los que tienen autoridad sobre ti. Ora con regularidad. Está dispuesto a sufrir por Dios. Haz esto y marcarás una diferencia en tus relaciones, tu comunidad y más allá.

David

Cuando Saúl, el primer rey de Israel, fue desobediente a Dios, el profeta Samuel anunció que el Señor había buscado a un hombre según su propio corazón, lo había encontrado y lo había nombrado gobernador de su pueblo (1 Samuel 13:14). Dios eventualmente reveló que este "hombre según su propio corazón" era el hijo menor de Isaí de Belén, David, quien era conocido por ser un joven pastor, cantante, músico, poeta, matador de un gigante, guerrero, rey y también un adúltero.

Es obvio que David no era perfecto. Sin embargo, a través de las Escrituras hebreas, Dios prometió que un hijo de la línea de David gobernaría sobre su trono para siempre. El hijo prometido era el Mesías, Jesús de Nazaret (la historia de la vida de David se extiende desde 1 Samuel 16 a 1 Reyes 2).

Los hechos más destacados acerca de David

1. Era antepasado de Jesucristo.
2. Era considerado como el más grande rey de Israel.
3. Fue proclamado como un hombre de fe (Hebreos 11).
4. Dios dijo que era un hombre conforme a su corazón.
5. Cometió adulterio con Betsabé.
6. Cuando era un adolescente mató al gigante Goliat.
7. Ordenó el asesinato de uno de sus soldados.
8. Fue fiel a su mejor amigo, Jonatán, hijo del rey Saúl.
9. Se casó con Mical, hija del rey Saúl.
10. Hizo un censo de las personas, causando que 70.000 hombres murieran.
11. Sufrió el intento de ser derrocado de su trono por parte de su hijo Absalón.

Una lección de David para la vida

Asuntos del corazón

Como el hijo menor de su familia, David fue asignado para vigilar las ovejas. Durante esos días y noches que pasó solo, David desarrolló una reverencia por Dios. El respeto a Dios como el Creador se encuentra a menudo en sus salmos (ver, por ejemplo, Salmos 19). Sin embargo, en la vida de David hallamos contradicciones. Amaba a Dios, pero también pecó gravemente contra su ley. ¿Cómo entendemos tal contradicción? Primero, el gran David era solo un ser humano, tenía la misma naturaleza de pecado que todo ser humano posee. Segundo, Dios entendió la naturaleza imperfecta del amor de David hacia Él. Es obvio que Dios no estaba buscando la perfección, estaba buscando el deseo de progresar. Dios miró al corazón de David y vio a un hombre que, aunque fracasó a veces, realmente deseaba obedecerlo y seguirlo.

¿Qué ve Dios cuando examina tu corazón? No es de extrañar que vea el corazón de un pecador; eso es un hecho. ¿Pero ve también el corazón de alguien que lo busca, de alguien que realmente desea obedecer, de alguien que está progresando?

David en números

David tuvo:

7 hermanos

8 esposas

También:

escribió 73 salmos

fue ungido 3 veces

sirvió 40 años como rey

vivió 70 años

Diablo

Las descripciones (ver *Satanás*) que se le han dado en la Biblia:

• Querubín grande (Ezequiel 28:14)

• Príncipe de los demonios (Lucas 11:15)

• El dios de este mundo (2 Corintios 4:4)

• El príncipe de la potestad del aire (Efesios 2:2)

• El gobernador de este mundo (Juan 14:30)

• Beelzebú, el príncipe de los demonios (Mateo 12:24)

• Un león rugiente (1 Pedro 5:8)

Las actividades que se le atribuyen:

• Oponerse a la obra de Dios (Zacarías 3:1)

• Pervertir la Palabra de Dios (Mateo 4:6)

• Impedir el ministerio de los obreros de Dios
  (1 Tesalonicenses 2:18)

• Obstruir el mensaje de Dios (2 Corintios 4:4)

• Atrapar al pueblo de Dios (1 Timoteo 3:7)

• Ser adversario de los hijos de Dios (1 Pedro 5:8)

• Tener al mundo bajo su poder (1 Juan 5:19)

• Terminar finalmente en el lago de fuego (Apocalipsis 20:10)

Diez Mandamientos

Los Diez Mandamientos (literalmente significa "las diez palabras") fueron escritos con el "dedo de Dios" en dos "tablas de piedra".

Los Diez Mandamientos aparecen en Éxodo 20:2-17 y Deuteronomio 5:6-21. Son los siguientes:

1. *"No tendrás dioses ajenos delante de mí"*. Este era un mandamiento sencillo que prohibió la adoración de cualquier otro dios aparte del único Dios verdadero. Otros "dioses" incluyen las cosas que pensamos en nuestra mente, así como nuestro afecto y atención al trabajo, la familia, el dinero o cualquier cosa que tenga un lugar más alto en nuestro corazón que Dios mismo. El término teológico para esto es idolatría, acerca de lo cual el apóstol Juan advirtió a los seguidores al final de su primera carta (ver 1 Juan 5:21).

2. *"No te harás imagen, ni ninguna semejanza de lo que esté arriba en el cielo, ni abajo en la tierra, ni en las aguas debajo de la tierra. No te inclinarás a ellas, ni las honrarás"*. El mandamiento de Dios no era solo acerca de ídolos que implicaban a otros dioses. También estaba hablando de imágenes destinadas a representarlos. El pueblo de Israel violó este mandamiento cuando se construyeron un becerro de oro y lo adoraron (ver Éxodo 32).

3. *"No tomarás el nombre de Jehová tu Dios en vano; porque no dará por inocente Jehová al que tomare su nombre en vano"*. El nombre de Dios, porque es santo, nunca debe ser despreciado o mal utilizado en ninguna manera. Tal falta de respeto no se limita a usar su nombre como palabra de maldición; se extiende a usarlo de cualquier manera en la que no se le esté honrando.

4. *"Acuérdate del día de reposo para santificarlo. Seis días trabajarás, y harás toda tu obra; mas el séptimo día es reposo para Jehová tu Dios; no hagas en él obra alguna"*. Cuando Dios descansó de su obra de creación en el séptimo día, aquel día se hizo santo. Así que Dios quería que todos descansáramos ese día también. Al apartar un día para honrar a Dios (hoy en día la mayoría de los cristianos han apartado el domingo porque es el día en que

Jesús resucitó de los muertos), recordamos que nuestra prioridad es Él y no nuestras tareas cotidianas de la semana de trabajo.

5. *"Honra a tu padre y a tu madre"*. Los hijos deben honrar a sus padres incluso cuando sean mayores. No hay área en la que no se deba honrar a padre y madre. Nadie tiene padres perfectos, y algunas personas incluso tienen padres malos, pero independientemente de cómo nuestros padres nos han tratado, no debemos tratar de cuestionar el mandato de Dios. ¡Dios dice que nos irá bien si obedecemos este mandamiento! (ver Efesios 6:1-3).

6. *"No matarás"*. Todas las sociedades tienen leyes contra el acto de asesinar a otros seres humanos, y por muy buenas razones. Pero Jesús dijo que este mandamiento tenía la intención no solo de condenar el acto físico, sino también de condenar cualquier pensamiento injusto de ira que tengamos hacia los demás (ver Mateo 5:21-22, ver también Levítico 19:17-18).

7. *"No cometerás adulterio"*. Jesús dijo que este mandamiento también condena por simplemente desear a una mujer en el corazón. Una persona comete adulterio no solo al tener relaciones sexuales con alguien que no es su cónyuge, sino también por desear a una persona en su corazón (ver Mateo 5:27-30).

8. *"No hurtarás"*. Hurtar es tomar algo que no te pertenece. Hurtar puede tomar formas muy diferentes, como es el tomar ventaja de alguien al no pagarle por lo que ha hecho para ti, o incluso algo tan simple como tomar conscientemente un cambio excesivo. Cuando el rey David cometió adulterio con Betsabé, también se la robó a Urías, su esposo (ver 2 Samuel 11).

9. *"No hablarás contra tu prójimo falso testimonio"*. El principal propósito de este mandamiento es contra la práctica de acusar falsamente a otra persona en un tribunal de justicia, pero también implica hablar una mentira contra otra persona en cualquier contexto.

10. *"No codiciarás la casa de tu prójimo, no codiciarás la mujer de tu prójimo... ni cosa alguna de tu prójimo".* Codiciar es querer algo que pertenece a otra persona. Demuestra que no estamos contentos con lo que tenemos, y en lugar de valorar a nuestro prójimo por lo que es, o lo que tiene, pensamos en maneras de apropiarnos de eso.

Una lección de los Diez Mandamientos para la vida

¿Las diez sugerencias... o los Diez Mandamientos?

Cuando Dios se encontró con Moisés en el monte Sinaí, lo primero que hizo fue darle un estándar de conducta para él y para el pueblo de Israel. Los Diez Mandamientos no eran sugerencias, sino órdenes que formarían la base de la estructura social y religiosa de Israel. A medida que avanzamos hacia la era del Nuevo Testamento y más adelante, la pregunta podría ser: "¿Todavía son válidos hoy en día los Diez Mandamientos?". Jesús respondió a esta pregunta en Marcos 12:29-30 cuando le preguntaron cuál de los Diez Mandamientos era el primero. Jesús dijo que, en primer lugar, debemos amar a Dios (esto considera los cuatro primeros mandamientos). Luego dijo que debemos amar a nuestro prójimo (esto considera los últimos seis mandamientos.) Así como Dios no le dio a Moisés "las diez sugerencias", Jesús no nos da el derecho de escoger cuáles mandamientos obedecemos y cuáles no. ¡Los Diez Mandamientos son importantes para Dios, y su obediencia debe ser importante para ti también!

Diez plagas

Cuando Dios envió a Moisés a Egipto para liberar a los israelitas de la esclavitud, el faraón se negó a dejar ir al pueblo. En respuesta, Dios envió diez plagas sobre Egipto, cada una de las cuales desafió a dioses egipcios en particular y demostró claramente el poder de Dios sobre todos los dioses de Egipto; las diez plagas son:

El río Nilo se convirtió en sangre. El río Nilo era la fuente de agua de riego para los campos, por lo que los egipcios lo miraban como un dios, llamándolo Hapi. Se demostró que Dios era más poderoso que este falso dios al convertir al río Nilo en sangre. Los magos de Faraón pudieron duplicar este milagro, pero nadie pudo beber del Nilo durante siete días (Éxodo 7:20-25).

Ranas. Entonces Dios envió ranas del Nilo sobre la tierra. La diosa egipcia Heqet fue representada como una rana que ayudaba con la fertilidad, por lo que, en esta plaga, Dios demostró que tiene dominio sobre la fertilidad y las ranas. Los magos del faraón duplicaron con éxito también esta plaga, pero no pudieron contener el problema. Solo lo hicieron peor, como lo hicieron cuando el Nilo se convirtió en sangre (ver Éxodo 8:1-15).

Piojos. A través de Aarón, Dios entonces convirtió el polvo de la tierra en pequeños insectos que cubrían a Egipto. Estos podrían haber sido piojos o mosquitos o algún otro tipo de insecto. El dios desafiado aquí es probablemente Tot, el dios egipcio de la magia, porque los magos no pudieron replicar el milagro (ver Éxodo 8:16-19).

Moscas. Entonces Dios envió moscas sobre Egipto. Ptah, que según la mitología egipcia creó el mundo, al parecer no pudo detener esta plaga, no es seguro, sin embargo, que este es el dios específico desafiado aquí (ver Éxodo 8:20-32).

Plaga en el ganado. Dios entonces asoló el ganado de Egipto, y así probablemente desafió a los dioses egipcios Hathor y Apis, el primero representado como una vaca y el último representado como un toro (ver Éxodo 9:1-7).

Úlceras. La plaga de úlceras (que podría haber sido ántrax en la piel) no pudo ser detenida por ninguna de las deidades de Egipto. Tal vez

Imhotep, que fue deificado después de su muerte y considerado el dios de la curación, fue desafiado aquí (ver Éxodo 9:8-12).

Granizo. Dios envió entonces granizo implacable sobre los egipcios, y la diosa del cielo, Nut, podría haber sido específicamente aludida aquí (ver Éxodo 9:13-35).

Langostas. Dios envió luego langostas a Egipto, que devastaron las cosechas. Tal vez esto desafió a Min, el dios de la fertilidad (ver Éxodo 10:1-20).

Tres días de oscuridad. Dios hizo que Egipto pasara por tres días de oscuridad, un evento que demostró que Ra, el dios sol, era impotente para detenerlo (ver Éxodo 10:21-29).

Muerte de los primogénitos. Esta fue la última y peor de todas las plagas. Dios advirtió que si el pueblo de Israel no ponía la sangre de un cordero en los dinteles de sus puertas, el ángel de la muerte mataría a sus primogénitos. Solo si ponían sangre en los dinteles de sus puertas, el ángel de la muerte pasaría por alto su casa (ver *Pascua*). Ni siquiera el hijo primogénito del faraón pudo escapar de esta plaga, a pesar de que el faraón era considerado un dios. Esta plaga juzgó a todos los dioses de Egipto (12:12), pero específicamente se dirigió al faraón, mostrándole que Dios era poderoso, sobre todo, incluyendo a los hombres que piensan que son dioses. Esta plaga finalmente hizo que Faraón cediera y dejara ir al pueblo de Dios (ver Éxodo 11:1—12:32).

Una lección de las diez plagas para la vida

La gracia como una oferta de Dios

Cuando Moisés le pidió a Faraón que dejara ir al pueblo de Israel, Faraón endureció su corazón y dijo que no. Así que Dios envió las diez plagas. Con cada plaga, Dios le dio al faraón la oportunidad de honrar la petición de Moisés de permitir que el pueblo de Dios se fuera; sin embargo, en cada ocasión el faraón endureció su corazón en una rebelión obstinada. Pero entonces notamos algo diferente antes de las dos últimas plagas: La Biblia dice que Dios endureció el corazón de Faraón (Éxodo 10:20). Dios ya no estaba extendiendo su gracia al faraón y a los egipcios, con las dos últimas plagas, Dios demostró su juicio sobre el faraón y los egipcios.

Hoy en día, Dios todavía extiende su gracia, y todavía desea que los incrédulos respondan a su oferta de vida. Todavía desea que nadie perezca. Pero al igual que con la oferta de Dios al faraón, su gracia no siempre estará allí. ¿Has aceptado su oferta de gracia por medio de Jesucristo? ¿Por qué no hacerlo ahora mismo?

Diluvio

Debido a la gran maldad de los seres humanos en los días de Noé, Dios se arrepintió de haberlos creado. Por lo tanto, envió un diluvio que cubrió toda la tierra para que todo ser viviente muriera. Solo Noé y su familia fueron perdonados, porque él halló gracia a los ojos del Señor. Para preservar a la familia de Noé, Dios hizo que este construyera un arca en forma de caja que equivaliera en longitud a aproximadamente un campo y medio de un campo de fútbol, o alrededor de 140 metros (ver *Arca de Noé*). Dos de cada especie de animales, macho y hembra, fueron puestos en esta arca, junto con Noé y su familia. La primera lluvia cayó durante 40 días y 40 noches. Noé y su familia estuvieron en el arca durante aproximadamente 12 meses y 11 días.

Finalmente, el arca reposó en una montaña en la región de Ararat. Noé probó si había algo de tierra seca enviando una paloma. El primer signo de tierra seca se evidenció cuando la paloma regresó con una hoja de olivo en su pico. La señal final fue cuando la paloma ya no regresó. Dios le dijo a Noé y a su familia que salieran del arca y que fueran fructíferos y se multiplicaran. Entonces Dios prometió no enviar nunca más un diluvio sobre la tierra. Como signo de ese pacto, Él hizo un arco iris (para aprender más sobre el diluvio, ver Génesis 6:1—9:17).

Dinero de la Biblia

El dinero siempre es parte importante de cualquier sociedad, y también lo fue en los tiempos bíblicos. He aquí algunos ejemplos de los tipos de dinero mencionados en la Biblia:

Siclo. Un siclo era un peso de oro, plata o bronce representado en una moneda. Su uso se extendió a lo largo del antiguo Medio Oriente. Hoy en día, la moneda de Israel es el siclo, pero el nuevo siclo israelí no debe confundirse con el tipo usado en los tiempos bíblicos.

Mina. La mina era el equivalente de 50 siclos. Jesús usó minas en su parábola de las diez minas, o la parábola de los diez talentos. Una mina equivalía a unos tres meses de salario (ver Lucas 19:11-27; Mateo 25:14-30).

Denario. El denario era el salario de un día en el Imperio romano durante el tiempo de Jesús. María, la hermana de Lázaro, derramó una libra de perfume en los pies de Jesús que podría haber sido vendida por 300 denarios o sea 11 meses de salario (ver Juan 12:1-8).

Una lección del dinero para la vida

¿Dónde está tu corazón?

Jesús dijo que donde esté tu tesoro, allí estará tu corazón. También dijo que nadie puede servir a Dios y al dinero. El dinero en sí no es malo, es lo que elegimos hacer con el dinero lo que puede ser malo. La Biblia dice que el amor al dinero es la raíz de todo tipo de mal, que nos recuerda que Dios debe ser el primero en nuestra vida. Todas las riquezas, posesiones y dinero pertenecen a Dios, y nosotros simplemente somos mayordomos de esto.

Aquí hay un buen ejercicio: Mira tu último extracto bancario. ¿Cómo has estado eligiendo usar tu dinero? ¿Estás eligiendo dar a tu iglesia, a la obra de Dios, a los necesitados, a las causas dignas? Asegúrate de que estás usando los recursos de Dios de la mejor manera. Esto te revelará dónde está tu corazón (ver Mateo 6:21, 24; 1 Timoteo 6:10).

Dios, nombres de

Elohim: "Dios". Aparece por primera vez en el versículo inicial de la Biblia; *elohim* es plural, sin embargo, se aplica a un Dios singular. Cada vez que la palabra *elohim* se usa en alusión al único Dios verdadero, está acompañada por un verbo singular. Su raíz (*el*) probablemente significa "poderoso", que sugiere el gran poder de Dios. Los estudiosos consideran que la terminación plural (-*im*) indica un "plural de majestad", es decir, enfatizando la grandeza de Dios (ver Génesis 1:1).

Yahweh (Jehová): "Él es". Las letras YHWH deletrean el nombre propio de Dios, que se cree que sería pronunciado "Yahweh", que simplemente significa "Él es", lo que implica la naturaleza autoexistente de Dios. Cuando Dios se apareció a Moisés en una zarza ardiente y le ordenó sacar a los israelitas de Egipto, Dios le indicó a Moisés que dijera al pueblo: "YO SOY me envió a vosotros" (Éxodo 3:14).

Adonai: "Señor". Este nombre de Dios aparece primero en Génesis 15:2 y significa "Dios es el Señor que gobierna". Los hebreos no pronunciarían el nombre de Dios (YHWH) en voz alta. Por lo tanto, cada vez que este nombre de Dios aparecía en el texto hebreo, lo pronunciaban Jehová, una palabra que fue compuesta por las vocales de *Adonai* y las consonantes de *YHWH*.

El Elyon: "Dios Altísimo". El rey Melquisedec de Salem fue un sacerdote de *El Elyon*, generalmente traducido como "Dios Altísimo". Melquisedec bendijo a Abraham con la bendición del Dios Altísimo, poseedor del cielo y de la tierra (ver Génesis 14:18-20).

El Roi: "Dios que ve". Después que el ángel del Señor le habló a Agar en el desierto, Él le ordenó regresar a Abraham y a Sara, y dijo que Dios prometió bendecirla en gran manera y que tendría un hijo llamado Ismael. En respuesta, Agar llamó a Dios *El Roi*, que significa "Dios que ve", un reconocimiento de que Dios vigilaba y cuidaba de ella (ver Génesis 16:13).

El Shaddai: "Dios Todopoderoso". Este nombre se traduce a veces como "Todopoderoso Dios". Dios primero usó este nombre para Él mismo cuando habló a Abram/Abraham, diciendo: "Yo soy el Dios Todopoderoso", enfatizando su poder para cumplir sus promesas. La mayor parte del tiempo *El Shaddai* es usado en conexión con la promesa de Dios a Abraham de que él tendría muchos descendientes (ver Génesis 17:1-6).

Yahweh Yireh: "El Señor proveerá". Este nombre aparece en Génesis 22, donde Dios ordenó a Abraham sacrificar a su hijo Isaac en el monte Moriah. Cuando Abraham estaba a punto de matar a su hijo, el ángel del Señor intervino y proveyó un carnero para ser usado como sacrificio en el lugar de Isaac. Abraham llamó a ese lugar *Yahweh Yireh*, que significa, "Jehová proveerá" (ver Génesis 22:14).

Yahweh Tz'vaot: "Jehová de los ejércitos". Este nombre de Dios enfatiza su asombroso poder. El término hebreo significa literalmente "ejércitos", de modo que Yahweh se representa aquí como alguien que tiene acceso no solo a un ejército, sino a legiones de ejércitos. En el Nuevo Testamento, tanto Pablo como Santiago se refieren a este nombre de Dios (ver Isaías 1:9; Romanos 9:29; Santiago 5:4).

Algo para probar...
Usa los nombres de Dios en tus oraciones.

Es un gran ejercicio para orar usando los nombres de Dios. La próxima vez que ores, en lugar de comenzar tu oración con "querido Dios" o "querido Señor" o "Padre Nuestro", ve un paso más allá y comienza tu oración usando uno de estos nombres de Dios.

Discípulos, los Doce

Temprano en su ministerio, Jesús tuvo muchos discípulos o seguidores que más tarde lo dejaron. Pero había 12 hombres que Él escogió como su grupo primario de estudiantes: Simón (Pedro) y su hermano Andrés, Jacobo, hijo de Zebedeo, y su hermano Juan, Felipe y Bartolomé, Tomás y Mateo (el recaudador de impuestos), Jacobo el hijo de Alfeo y Tadeo, Simón el Zelote y Judas Iscariote, el que más tarde traicionó a Jesús (ver Juan 6:2; Mateo 10:1-4; Marcos 3:16-19; Lucas 6:13-16).

Una mirada más atenta a los 12 discípulos revela:

- *Pedro* era conocido por ser apasionado y uno que a menudo actuaba o hablaba antes de pensar (ver *Pedro*).

- *Andrés*, hermano de Pedro, presentó a su hermano a Jesús.

- *Jacobo* y *Juan* eran hermanos apodados por Jesús los "hijos del trueno". Fueron testigos de la transfiguración de Jesús junto con Pedro.

- *Felipe* presentó a *Natanael* (también identificado como Bartolomé) a Jesús.

- *Tomás* es conocido sobre todo por su duda ("Tomás el incrédulo") de la resurrección hasta que vio al Jesús resucitado.

- *Mateo* (o *Leví*) era un recaudador de impuestos que dejó su puesto de recaudación de impuestos para seguir a Jesús cuando Él lo llamó.

- *Jacobo*, el hijo de Alfeo, es a veces identificado como Jacobo el menor.

- *Tadeo* es probablemente el mismo que Judas (no Iscariote) en Juan 14:22.

- *Judas* Iscariote fue el que traicionó a Jesús con un beso y más tarde se ahorcó por remordimiento.

Este es el primer puñado de hombres que escuchó el llamado de Jesús, respondió, lo dejó todo y le siguió. Jesús les pidió que tuvieran una mente y una actitud diferentes.

¿Qué significa ser discípulo de Cristo?

Entonces Jesús dijo a sus discípulos: Si alguno quiere venir en pos de mí, niéguese a sí mismo, y tome su cruz, y sígame. Porque todo el que quiera salvar su vida, la perderá; y todo el que pierda su vida por causa de mí, la hallará. Porque ¿qué aprovechará al hombre, si ganare todo el mundo, y perdiere su alma? ¿O qué recompensa dará el hombre por su alma? (Mateo 16:24-26).

E

Edén, Huerto del

Hoy día, la palabra *oasis* podría usarse para describir el perfecto y magnífico paraíso con jardines al que hace referencia la Biblia como el huerto del Edén. Debido a que la primera lluvia no ocurrió hasta el diluvio en los días de Noé, este oasis era regado por un manantial que fue la fuente de cuatro ríos (Pisón, Gihón, Hidekel (Tigris) y Éufrates). La ubicación del huerto lo coloca como hacia el este, posiblemente en la zona de la antigua Babilonia. El huerto del Edén (*eden* significa "deleite") fue creado por Dios y fue el hogar original de Adán y Eva, nuestros primeros padres. Allí vivieron en la presencia de Dios y experimentaron una perfecta relación con Él.

Edén era un paraíso sin vejez, enfermedad o muerte. El fruto de los árboles que Dios plantó en este huerto era adecuado para comer. ¡Adán y Eva podrían haber vivido para siempre en esa felicidad eterna! Entre los árboles que Dios plantó en el huerto del Edén estaban el árbol de la vida y el árbol del conocimiento del bien y del mal. La única restricción de Dios para Adán y Eva era que no debían comer del árbol del conocimiento. Debido a que Adán y Eva desobedecieron a Dios y comieron del fruto de ese árbol, el pecado entró en el mundo y fueron expulsados del huerto. Como un acto de misericordia, Dios colocó seres angelicales llamados querubines al este del huerto del Edén para impedir que Adán y Eva comieran del árbol de la vida y vivieran en esta terrible condición para siempre. Solo cuando los creyentes lleguen al cielo alcanzarán la perfección sin pecado que fue creada en el huerto del Edén (ver Génesis 2:8-14; 3).

Éfeso

Éfeso fue la capital de la provincia romana de Asia (en la moderna Turquía). La ciudad era conocida por su magnífico templo de Artemisa o Diana. El templo fue considerado una de las siete maravillas del mundo antiguo. Éfeso fue una pieza central en la estrategia del apóstol Pablo de plantar iglesias en áreas importantes. No solo era un centro religioso y un centro para el ocultismo, sino que era también un centro político, educativo y comercial importante, en la categoría de Alejandría, en Egipto. En su tercer viaje misionero, Pablo pasó tres años en esta importante ciudad plantando una iglesia y entrenando a sus líderes. La propagación del mensaje del evangelio tuvo un impacto tan grande en los negocios que los fabricantes de templillos de plata dedicados a la diosa Diana provocaron un alboroto que obligó a Pablo a abandonar la ciudad (Hechos 19:1—20:1). No hay registro de que Pablo haya regresado alguna vez a Éfeso. Él se reunió con los ancianos de la iglesia en Mileto, mientras estaba de camino a Jerusalén, y escribió una carta a los cristianos en Éfeso mientras estuvo en prisión (ver *Epístolas: Efesios*). (Ver Hechos 19:1—20:1, 20:17-38).

Éfeso

¿Sabías que...?

Los cristianos en la iglesia de Éfeso fueron elogiados por Jesús en el libro de Apocalipsis por:

- su duro trabajo
- ser pacientes
- estar firmes en contra del pecado
- discernir las falsas enseñanzas
- soportar a pesar del sufrimiento

Los creyentes en la iglesia de Éfeso fueron reprendidos por Jesús por:

- perder su primer amor por Cristo
- hacer buenas obras por las razones equivocadas
- no arrepentirse de sus pecados

(Ver Apocalipsis 2:2-5).

Egipto

En el mundo antiguo, Egipto era una fuerza digna de ser tomada en cuenta. Un imperio poderoso y avanzado, tanto que hasta el día de hoy las pirámides nos dan un testimonio de su antigua grandeza. Los reyes de Egipto fueron llamados por el título de *faraón*.

Fue en Egipto donde Abraham y su esposa Sara vivieron cuando una hambruna golpeó a la tierra de Canaán. Además, cuando los hermanos de José lo vendieron a comerciantes, estos llevaron a José a Egipto, donde una serie de acontecimientos lo convirtieron en el segundo al mando de todo el imperio. Después de la muerte de José, los descendientes de Israel se quedaron en Egipto hasta que surgió un nuevo faraón que no conocía a José. El nuevo faraón convirtió a los israelitas en esclavos. Más tarde, Dios envió a Moisés a Egipto para liberar a los israelitas (ver *Éxodo*) y sacarlos de la esclavitud.

En el Nuevo Testamento, leemos que María y José llevaron al niño Jesús a Egipto, para ponerlo a salvo de la orden de Herodes de matar a los niños menores de dos años en Belén y sus alrededores. Después de la muerte de Herodes, la joven familia regresó a su tierra natal y se estableció en Nazaret (ver Génesis 12:10-20; 37:28-50; Mateo 12:13-15).

Elías

Elías (que significa "Jehová es mi Dios") tisbita, un profeta de Dios de los pobladores de Galaad, fue usado poderosamente por Dios durante los reinados de los reyes Acab y Ocozías. Él no solo ayudó con sus provisiones a una viuda y a su hijo (a este último Dios resucitó de entre los muertos a través de Elías), sino que también desafió al corrupto rey Acab y a los sacerdotes del falso dios Baal en el monte Carmelo. Después de que se demostró que Dios era el verdadero Dios y Baal era uno falso, Elías dictaminó la muerte de los sacerdotes de Baal. La reina malvada Jezabel, esposa del rey Acab, se enfureció al oír esto y ordenó la muerte de Elías. Asustado, Elías huyó al monte Sinaí. Antes, Dios se reveló a Elías y le ordenó regresar a Damasco. Dios también escogió a Eliseo para servirle como asistente y sucesor del desgastado y desalentado Elías. Después de advertir a Acab y Jezabel de sus futuras muertes violentas, y advertir a Ocozías de su propia muerte, Elías fue milagrosamente "tomado" o "llevado" por un torbellino al cielo en un carro de fuego tirado por caballos de fuego (para la historia de Elías, ver 1 Reyes 17:1—2 Reyes 2:11).

Una lección de Elías para la vida

Jehová es mi Dios

Elías era un hombre dedicado a Dios que vivía en una sociedad hostil. Era audaz y valiente, pero también era humano y sucumbía al miedo y a la depresión. El momento de su mayor victoria, la confrontación contra los 450 sacerdotes de Baal, fue también el momento en que fue sacudido por las amenazas de Jezabel. En un ataque de depresión intentó esconderse. Sin embargo, Dios encontró a su siervo y trató con la depresión de su profeta de una manera agradable. Dios nunca reprendió a Elías, en cambio, lo ministró y alimentó hasta que estuvo nuevamente de vuelta y listo a servir.

Incluso durante sus momentos vacilantes, Elías nunca cambió su devoción a Dios. ¿Tienes tus "altibajos" cuando se trata de seguir la voluntad de Dios para tu vida? Como Elías, no estás solo, y como Elías, Dios nunca se dará por vencido. Sigue el ejemplo de Elías, sirve al Señor fiel y valientemente, mantén tus ojos en Él, incluso en la derrota. Confía en Dios para nutrirte y hacerte sentir útil y proveerte todo lo que necesites para llevar a cabo tu ministerio.

¿Sabías qué...?

Solamente dos personas fueron al cielo sin morir:

Enoc fue el primero (Génesis 5:21-14).
Elías fue el segundo (2 Reyes 2:11-12).

Elisabet

Como una de las "hijas de Aarón", Elisabet, cuyo nombre significa "Dios es mi juramento", fue la esposa de un sacerdote llamado Zacarías (ver *Zacarías*). Tanto ella como su esposo eran justos ante

Dios. Un día, el ángel Gabriel se le apareció a Zacarías cuando estaba cumpliendo sus deberes en el templo, y le dijo que Elisabet tendría un hijo cuyo nombre sería Juan (ver *Juan el Bautista*). Este hijo haría que el pueblo vuelva a Dios. Zacarías se preguntó en voz alta cómo él y Elisabet podrían tener un hijo debido a su extrema vejez. Porque él no creyó en las palabras del ángel, perdió su capacidad de hablar. Esta habilidad le fue restaurada el día del nacimiento de su hijo Juan.

Cuando Elisabet quedó embarazada, ella se retiró del ojo público durante cinco meses. Estaba asombrada de cómo el Señor había mostrado su favor al bendecirla con un niño y eliminar el estigma de la esterilidad de su reputación, un problema real en su día. Elisabet vio su embarazo como un acto de la gracia de Dios, que era el significado del nombre Juan: "gracia de Jehová". Juan creció para ser el precursor de Cristo, el hombre que preparó el camino del Señor (ver Lucas 1:5, 19-20, 25; 3:1-6).

Otros aspectos destacados de la vida de Elisabet

▸ Fue prima de María, la madre de Jesús (Lucas 1:36).

▸ Alentó a María cuando estaba embarazada esperando a Jesús (Lucas 1:42-45).

▸ Habló a la multitud en lugar de su esposo Zacarías cuando él no podía hablar (Lucas 1:60).

▸ Se opuso a la multitud que quería nombrar al niño como su padre, y ella les dijo que se llamaría Juan (Lucas 1:60).

━━━━━━━━ Una lección de Elisabet para la vida ━━━━━━━━

Esperando en Dios

Elisabet nos habla a través de las años. Uno de sus mensajes clave de la vida es cómo esperar en Dios… mientras vivimos. Había algo que Elisabet deseaba desesperadamente: un hijo. Pero el tiempo pasó, y también lo hizo la edad de la procreación, y no tuvo hijos. Sin embargo, la Palabra de Dios registra que ella era justa y piadosa, que obedeció la ley de Dios y fue intachable. Estas son marcas superlativas para alguien a quien le fue negado el deseo de su corazón. Es obvio que Elisabet usó su tiempo de espera para acercarse a Dios, amándole, siendo fiel a Él, caminando con Él, sirviéndole y progresando en su relación con Dios. Para cuando el sueño de Elisabet llegó a ser realidad y ella tuvo a su precioso hijo, es posible que ella ya hubiera aprendido a vivir sin un hijo. Lo que había descubierto mientras esperaba no tenía precio, así como fue su relación más profunda con Dios.

¿Qué es lo que deseas y no tienes? ¿Qué has soñado y te ha sido negado? ¿Y qué estás haciendo mientras esperas en el Señor? La voluntad de Dios es buena, agradable y perfecta. Su tiempo es perfecto también. Espera en el Señor. Espera pacientemente por Él. Fija tu mirada en Él… no en tus esperanzas y sueños. Y no te olvides: la gracia de Dios siempre es suficiente, Él te da todo lo que necesitas para cualquier circunstancia que enfrentes.

Eliseo

Como sucesor de Elías, Eliseo tomó el manto (capa) de su maestro, que cayó cuando Elías fue llevado al cielo en un carro de fuego. A partir de ese momento, Eliseo continuó el ministerio de Elías como profeta. Regresó a Jericó y purificó el manantial de agua al echar sal allí.

Tal vez Eliseo es más conocido por lo que sucedió cuando estaba viajando a Betel; en el camino, algunos jóvenes se burlaron de él (2 Reyes 2:23), Eliseo los maldijo, y dos osos salieron del bosque y mataron a 42 de los muchachos. En otras ocasiones, Eliseo predijo la lluvia cuando el ejército de Joram estaba sediento, ayudó a una viuda, resucitó al hijo de una mujer, multiplicó 20 panes de cebada para alimentar a 100 hombres, le dijo a Naamán el sirio cómo curar su lepra y realizó muchos otros milagros famosos (ver 1 Reyes 19:16—2 Reyes 13:20).

Una lección de Eliseo para la vida

¡Eres único!

La vida de Eliseo enseña que todo ministerio es significativo. Desde un punto de vista humano, Eliseo no parecía tener un ministerio tan importante o prominente como lo había tenido su mentor Elías. Pero en la economía de Dios, la contribución de Eliseo fue importante en su revelación del amor del Padre por su pueblo. Tú también has sido llamado y dotado por Dios con un propósito y un ministerio. Por lo tanto, ten cuidado de no medirte con las habilidades de otras personas o con el alcance de su servicio. El papel que juegas en el plan de Dios es el papel que Él ha diseñado para ti. ¡Eso te hace único! Sé fiel para cumplir tu papel como Eliseo cumplió el suyo. Tu vida es significativa. Vívela con fidelidad y sabiduría.

Emanuel

El título "Emanuel" se encuentra en la Biblia en una promesa que Dios hizo al rey Acaz y a toda la casa de David a través del profeta Isaías. El término significa "Dios con nosotros". Mateo 1:23 confirma el nacimiento de Jesús como el cumplimiento de la promesa de Dios porque Jesús es literalmente Emanuel, Dios en la carne: "Dios con nosotros". Hoy en día, por medio del Espíritu Santo, Dios está con aquellos que creen en Cristo (ver Isaías 7:14; Mateo 1:23).

Epístolas

En la porción de la Biblia llamada Nuevo Testamento, después de los cuatro Evangelios y el libro de los Hechos, encontramos lo que se conoce como epístolas o cartas escritas a varias iglesias o individuos. La mayoría de las epístolas fueron compuestas por el apóstol Pablo. Santiago, Pedro, Juan y Judas también escribieron algunas de estas cartas. Apocalipsis, el último libro del Nuevo Testamento, no es una epístola, sin embargo, contiene siete cartas que fueron escritas a siete iglesias en el mundo grecorromano. A continuación está una lista de todas las epístolas y alguna información importante sobre cada una de ellas.

Romanos

Tema: *La justicia de Dios*

La carta de Pablo a los romanos fue esencialmente una presentación sobre cómo somos salvos por la fe en Jesús. También sirvió al propósito de Pablo de presentarse a una iglesia que aún no había visitado. Una de las explicaciones más sucintas de cómo se llega a ser cristiano se encuentra en Romanos 10:9-10, que dice que "que si confesares con tu boca que Jesús es el Señor, y creyeres en tu corazón que Dios le levantó de los muertos, serás salvo. Porque con el corazón se cree para justicia, pero con la boca se confiesa para salvación".

1 Corintios

Tema: *La conducta cristiana*

Pablo escribió esta fuerte y directa carta a una iglesia en Corinto que estaba luchando con la división, las actitudes de juicio, la inmoralidad y la negación de la resurrección de los muertos. Algunos de los versículos más famosos y familiares de la Biblia están en el capítulo 13 de esta carta. Ellos componen lo que a menudo se conoce como "el himno del amor", que se lee comúnmente en las ceremonias de boda. En realidad, 1 Corintios no fue la primera carta de Pablo a los corintios. En 1 Corintios 5:9, describe una carta que había escrito anteriormente, pero que permanece perdida.

El amor verdadero

1 Corintios 13:4-7

El amor es sufrido, es benigno;
el amor no tiene envidia,
el amor no es jactancioso, no se envanece;
no hace nada indebido, no busca lo suyo,
no se irrita, no guarda rencor;
no se goza de la injusticia,
mas se goza de la verdad.
Todo lo sufre, todo lo cree,
todo lo espera, todo lo soporta.

---

2 Corintios

Tema: *Pablo defiende su apostolado*

En esta carta, Pablo aborda varios temas. Explica su sufrimiento, defiende su ministerio e insta a los corintios a perdonar a un hombre que había sido atrapado en el pecado. El tono de Pablo en esta carta es notablemente más suave que en la anterior (1 Corintios), encomendando a los corintios a su arrepentimiento. También escribió acerca del amor sacrificial de Cristo por nosotros, escribiendo probablemente uno de los versículos más memorables de esta epístola: "Al que no conoció pecado, por nosotros lo hizo pecado, para que nosotros fuésemos hechos justicia de Dios en él" (2 Corintios 5:21).

Gálatas

Tema: *Libertad en Cristo*

Había problemas en la región de Galacia y esta carta no estaba dirigida a individuos específicos o a una iglesia en particular. Se dirigió en general a las iglesias de Galacia y se distribuyó de iglesia en iglesia. Algunos cristianos judíos convencieron a los gentiles de que para ser cristianos tenían que someterse a la ley mosaica, es decir, tenían que ser circuncidados y guardar el sábado. Pablo, él mismo un cristiano judío, escribió esta carta, tal vez la más apasionada, para poner fin a este requisito de obras. Argumentó que aceptar tal enseñanza sería abandonar la gracia de Dios: "No desecho la gracia de Dios; pues si por la ley fuese la justicia, entonces por demás murió Cristo... porque en Cristo Jesús ni la circuncisión vale algo, ni la incircuncisión, sino la fe que obra por el amor" (Gálatas 2:21; 5:6).

Efesios

Tema: *Bendición en Cristo*

Los primeros tres capítulos de Efesios explican lo que Dios ha hecho por nosotros como creyentes en Cristo. Los tres últimos capítulos miran lo que la gracia de Dios nos obliga a hacer en respuesta. Efesios 2:8-10 resume bien el tema principal de toda la carta: "Porque por gracia sois salvos por medio de la fe; y esto no de vosotros, pues es don de Dios; no por obras, para que nadie se gloríe. Porque somos hechura suya, creados en Cristo Jesús para buenas obras, las cuales Dios preparó de antemano para que anduviésemos en ellas".

Filipenses

Tema: *La vida llena de gozo*

Pablo escribió esta carta a los filipenses desde la cárcel. Esta es una carta muy alegre de parte de Pablo, quien creía que la persecución que había soportado realmente promovió la causa del evangelio. También aprendió a contentarse con cualquier circunstancia, diciendo: "Sé vivir humildemente, y sé tener abundancia; en todo y por todo estoy enseñado, así para estar saciado como para tener hambre, así para tener abundancia como para padecer necesidad. Todo lo puedo en Cristo que me fortalece" (Filipenses 4:12-13).

Colosenses

Tema: *La supremacía de Cristo*

En Colosenses, Pablo contrasta el estar en Cristo con el legalismo y la vida carnal. Pablo recordó a los colosenses lo que Cristo había hecho por ellos: "por cuanto agradó al Padre que en él [Cristo] habitase toda plenitud, y por medio de él reconciliar consigo todas las cosas, así las que están en la tierra como las que están en los cielos, haciendo la paz mediante la sangre de su cruz" (Colosenses 1:19-20).

1 Tesalonicenses

Tema: *Preocupación por la iglesia*

Pablo escribió esta alegre carta con acción de gracias porque los tesalonicenses habían recibido el evangelio que les había sido predicado. También alentó a los tesalonicenses, al mencionar las buenas noticias que Timoteo le había traído acerca de su fe y amor: "Por lo cual, animaos unos a otros, y edificaos unos a otros, así como lo hacéis" (1 Tesalonicenses 5:11).

2 Tesalonicenses

Tema: *Vivir con esperanza*

En esta segunda carta a los tesalonicenses, Pablo habló de los últimos días, el hombre de pecado y la necesidad de los cristianos para mantenerse firmes. Alentó a los tesalonicenses a que la mejor manera de hacerlo a través de esos tiempos difíciles era orar por la difusión del evangelio y mantener una buena ética de trabajo: "no os canséis de hacer bien" (2 Tesalonicenses 3:13).

1 Timoteo

Tema: *Instrucciones para un discípulo joven*
Pablo escribió esta carta a Timoteo, su hijo en la fe, que había dejado en Éfeso. En esta epístola, Pablo da a Timoteo instrucciones sobre la estructura de la iglesia confiada al cuidado de Timoteo, algunos detalles específicos sobre los líderes de la iglesia y consejos sobre la conducta de hombres y mujeres en la iglesia. Pablo también dio a Timoteo ánimo personal: "Ninguno tenga en poco tu juventud, sino sé ejemplo de los creyentes en palabra, conducta, amor, espíritu, fe y pureza" (1 Timoteo 4:12).

2 Timoteo

Tema: *Exhortación a un ministerio fiel*
Cuando Pablo escribió esta segunda carta a Timoteo, que aún estaba en Éfeso, el tiempo de la muerte de Pablo se acercaba. En esta carta, Pablo alabó a Timoteo por su fe y le dio algunas instrucciones finales. Quería que Timoteo se mantuviera leal y le dio esta exhortación: "que prediques la palabra; que instes a tiempo y fuera de tiempo; redarguye, reprende, exhorta con toda paciencia y doctrina" (2 Timoteo 4:2).

Tito

Tema: *Manual de conducta*
Esta carta fue escrita por Pablo a Tito, otro hijo en la fe. Pablo había dejado a Tito en Creta para organizar el liderazgo de la iglesia allí. Le dio a Tito instrucciones similares a las que le dio a Timoteo (ver *1 Timoteo* y *2 Timoteo*), recordando a Tito el poder de la gracia de Dios para enseñarnos a que "vivamos en este siglo sobria, justa y piadosamente" (Tito 2:12).

Filemón

Tema: *Perdón*

Pablo escribió esta breve pero poderosa carta a un creyente llamado Filemón. Su mensaje se refería a Onésimo, esclavo fugitivo de Filemón. Pablo imploró a Filemón que perdonara a Onésimo y lo tomara de nuevo como hermano, no como esclavo: "Porque quizá [Onésimo] para esto se apartó de ti por algún tiempo, para que le recibieses para siempre; no ya como esclavo, sino como más que esclavo, como hermano amado, mayormente para mí, pero cuánto más para ti, tanto en la carne como en el Señor" (Filemón 15-16).

Hebreos

Tema: *La superioridad de Cristo*

El autor anónimo de esta carta escribió a los creyentes judíos que estaban sufriendo el rechazo y la persecución de sus compatriotas judíos. La carta fue escrita para alentarlos y darles confianza en Cristo, su Mesías. El escritor estaba preocupado específicamente por los creyentes judíos, pero también escribió a los creyentes gentiles. Explicó que Jesús es nuestro Sumo Sacerdote eterno, que nos limpió de nuestro pecado. Su muerte en la cruz cumplió lo que el sistema de sacrificios no pudo; la sangre de toros y machos cabríos no podía pagar por nuestros pecados, pero Jesús podía, y lo hizo. Su sangre derramada en la cruz inició el nuevo pacto: "sin derramamiento de sangre no se hace remisión" (Hebreos 9:22). Hebreos también es bien conocido por lo que a veces es llamado el "Salón de la fama de la fe" en el capítulo 11, que enumera a muchas figuras famosas de la Biblia que son elogiadas por su fe.

Santiago

Tema: *Fe genuina*

Santiago escribió a las "doce tribus que están en la dispersión" (Santiago 1:1), es decir, los creyentes judíos. Este Santiago o Jacobo era el medio hermano de Jesús, quien originalmente era escéptico de las afirmaciones de Jesús. Más tarde cambió de opinión cuando Jesús se le apareció después de su resurrección.

Santiago tenía gran autoridad en la iglesia de Jerusalén (ver Hechos 15). Inició su carta con ánimo para aquellos que se enfrentaban a muchas pruebas, diciéndoles que contaran las pruebas como gozo puro. También advirtió sobre el favoritismo, la tentación, simplemente escuchar la palabra pero no hacerla y el peligro de la lengua. Tal vez es más conocida por su exhortación a mostrar su fe por sus obras: "Amados hermanos, ¿de qué le sirve a uno decir que tiene fe si no lo demuestra con sus acciones? ¿Puede esa clase de fe salvar a alguien?" (Santiago 2:14 NTV) (ver Santiago 1:1; Mateo 13:55-56).

1 Pedro

Tema: *Respuesta al sufrimiento*

Pedro escribió esta epístola a los creyentes dispersos en el extranjero para alentarlos, siendo que ellos sufrieron por la causa de Cristo. Él los exhortó a no sufrir como malhechores: "Procuren llevar una vida ejemplar entre sus vecinos no creyentes. Así, por más que ellos los acusen de actuar mal, verán que ustedes tienen una conducta honorable y le darán honra a Dios cuando él juzgue al mundo" (1 Pedro 2:12 NTV).

2 Pedro

Tema: *Advertencia en contra de los falsos maestros*

Segunda de Pedro es una carta más severa que 1 Pedro. En esta epístola, Pedro amonestó a los creyentes a que se guardaran de los falsos profetas y mantuvieran la Escritura en mente mientras se preparaban para los últimos días, cuando los cielos y la tierra serían destruidos. Pedro entonces señaló que Dios tenía algo maravilloso para después de todo este juicio: "nosotros esperamos, según sus promesas, cielos nuevos y tierra nueva, en los cuales mora la justicia" (2 Pedro 3:13).

1 Juan

Tema: *Comunión con Dios*

Juan, el discípulo amado, escribió esta carta para recordar a sus destinatarios la realidad de Jesús, su perdón, verdad y amor. Su tema más dominante es el amor, enfatizando que debemos amarnos unos a otros y amar a Dios porque "él nos amó a nosotros, y envió a su Hijo en propiciación por nuestros pecados" (1 Juan 4:10).

2 Juan

Tema: *Discernimiento cristiano*

Juan escribió esta carta a una anónima "señora elegida y a sus hijos", diciéndoles que anduvieran en los mandamientos del Mesías y se guardaran de los engañadores anticristos, tales como aquellos que negaban que Jesús había venido a la tierra en un cuerpo humano. De ellos y de otros como ellos, Juan escribió: "muchos engañadores han salido por el mundo, que no confiesan que Jesucristo ha venido en carne. Quien esto hace es el engañador y el anticristo" (2 Juan 7; ver 2 Juan 1).

3 Juan

Tema: *Hospitalidad cristiana*

Juan escribió esta carta al "amado Gayo" y lo elogió por su fe y generosidad. También tenía algunas cosas difíciles de decir sobre un hombre llamado Diótrefes, que tenía una tendencia a dominar a otros. Juan le advirtió severamente a su audiencia: "Amado, no imites lo malo, sino lo bueno. El que hace lo bueno es de Dios; pero el que hace lo malo, no ha visto a Dios" (3 Juan 11; ver 3 Juan 1).

Judas

Tema: *Defensa de la fe*

Judas era uno de los medio hermanos de Jesús. Su carta urgía a los apasionados a luchar por la fe, advirtiendo de la apostasía.

También reconoció la importancia de tener misericordia de aquellos que podrían cuestionar la fe: "Deben tener compasión de los que no están firmes en la fe. Rescaten a otros arrebatándolos de las llamas del juicio" (Judas 22-23 NTV, ver Mateo 13:55).

¿Sabias qué...?

La Biblia simplificada

El mensaje de Jesucristo fue ...

...predicho en el Antiguo Testamento.

...vivido en la carne en los Evangelios.

...propagado en el libro de los Hechos.

...enseñado y explicado en las epístolas.

Esaú/Edom

Esaú era el hermano mayor de Jacob, hijo de Isaac y Rebeca. Esaú nació con el cabello rojizo y abundante, por lo que lo llamaron *Esaú*, que significa "peludo". Al crecer, se convirtió en un hábil cazador y hombre de campo (Génesis 25:27), un gran contraste con su hermano Jacob. El hijo favorito de Isaac era Esaú, mientras que para Rebeca era Jacob. Debido a que Esaú vendió su primogenitura a Jacob por una porción de estofado rojo (en hebreo *edóm*), Esaú llegó a ser conocido como Edom. Como fue predicho y profetizado a Rebeca, Esaú (Edom), el hermano mayor, terminó sirviendo a su hermano menor, Jacob (Israel). Edom e Israel se convirtieron en naciones rivales. Israel ha sobrevivido hasta el día de hoy, pero Edom ha desaparecido en la historia (para conocer acerca de la historia de Esaú, ver Génesis 25—36).

Escribas

Un escriba ("uno que registra") era uno que guardaba los expedientes escritos. Por ejemplo, en el Antiguo Testamento, Jeremías tenía un escriba llamado Baruc, que escribía las palabras de Dios cuando Jeremías se las dictaba. En el Nuevo Testamento, el apóstol Pablo utilizó a un escriba llamado Tercio para escribir su carta a los romanos.

Los escribas judíos conocían bien las Escrituras hebreas. Los escribas, junto con los principales sacerdotes, pudieron decirle a Herodes dónde debía nacer el Mesías. También fueron los escribas, junto con los fariseos, a quienes Jesús condenó por su hipocresía al valorar sus tradiciones por encima de la ley de Dios (ver Jeremías 36:4; Romanos 16:22; Mateo 2:4; 23:13-29).

Espíritu Santo

El Espíritu Santo es una de las tres personas que componen lo que comúnmente se conoce como la Trinidad. La Trinidad está compuesta por Dios el Padre, Dios el Hijo y Dios el Espíritu Santo. El Espíritu Santo es "el Ayudador" o "Consolador" que Jesús prometió que enviaría después de su partida de la tierra. El Espíritu Santo vino sobre los apóstoles en Hechos 2, y mora en todos los creyentes. Fue el Espíritu Santo quien habló la Palabra de Dios a través de los santos hombres de Dios (ver Juan 15:26; 1 Corintios 6:19; 2 Pedro 1:21).

Algunos hechos sobre el Espíritu Santo

▶ Cada creyente en Cristo recibe el Espíritu Santo (1 Corintios 12:13).

▶ Cada creyente en Cristo recibe "dones" espirituales del Espíritu Santo para el ministerio (1 Corintios 12:7).

▶ Los creyentes son semejantes a Cristo cuando sus vidas son controladas por el Espíritu Santo (Gálatas 5:22-23).

▶ Los creyentes son exhortados a caminar por el Espíritu Santo (Gálatas 5:16).

▶ Los creyentes son exhortados a no entristecer al Espíritu Santo (Efesios 4:30).

▶ Los creyentes son exhortados a no apagar al Espíritu Santo (1 Tesalonicenses 5:19).

Ester/Hadasa

Hadasa (cuyo nombre significa "mirto") era una joven judía criada durante el reinado del rey persa Asuero (o Jerjes). Su historia tiene lugar alrededor del 483 a 473 a.C. Ella fue criada por su primo Mardoqueo en la ciudad de Shushan (o Susa), que fue la capital del Imperio persa durante los meses de invierno. Su nombre persa, Ester, significa "estrella", lo cual era apropiado porque ella era encantadora y hermosa.

Cuando el rey Asuero se disgustó con su esposa, la reina Vasti, sus consejeros sugirieron que se iniciara una búsqueda entre las más hermosas jóvenes vírgenes de la tierra para conseguir a la sucesora de la reina Vasti. Así, el rey podría seleccionar una nueva reina de este grupo. Ester fue elegida por el rey para convertirse en la nueva reina (ver Ester 2:2-7).

Pronto un hombre malvado llamado Amán subió al poder bajo Asuero, y ordenó que todos los judíos fueran asesinados. Ester entonces usó su posición como la reina favorecida para abogar a favor de su pueblo. Las acciones de Ester expusieron con éxito la maldad de Amán ante el rey, y Amán finalmente fue ahorcado en la misma horca que había preparado para la muerte de Mardoqueo. Como resultado de la posición de Ester, los judíos tuvieron la oportunidad de defenderse contra el decreto del terrible Amán. La fiesta de Purim, que se celebra hasta el día de hoy, fue instituida para conmemorar este acontecimiento (para leer sobre la historia de Ester, ver Ester 1—10).

¿Sabías qué...?

Las palabras más famosas de Ester son: "¡Si perezco, que perezca!".

El nombre de Dios nunca se menciona en el libro de Ester, pero su actividad es evidente en todos los acontecimientos.

(Ver Ester 4:16; 7:9-10).

Una lección de Ester para la vida

La fórmula de Dios para el éxito

La belleza externa de Ester fue el vehículo que Dios usó para llevarla a un lugar importante y de influencia. Pero había mucho más para Ester que su belleza exterior. Ella también poseía una gracia y dignidad dada por Dios que le ayudó a ganar el favor de todos los que estaban dentro del palacio. Incluso después de estar en la poderosa posición de reina, Ester siguió apreciando y atendiendo el consejo de su primo mayor, Mardoqueo.

El papel de Ester en la liberación de los judíos de la malvada trama de Amán para destruirlos se debió a la fórmula de Dios para el éxito: una combinación de su divina providencia, atributos físicos y sabiduría práctica de Ester, junto a la ayuda y sabiduría de otros. La iglesia, el cuerpo de Cristo, está compuesta de personas que Dios ha bendecido con diferentes dones espirituales y grados variables de madurez espiritual. Estas personas espiritualmente dotadas y maduras han sido colocadas a tu alrededor para ayudarte y asistirte en hacer la obra de Dios y vivir su voluntad en particular para ti. No dejes de acudir a los recursos que Dios te ha proporcionado.

Éufrates, Río

El Éufrates (que significa "fructífero") fue uno de los cuatro ríos descritos en Génesis 2 que fluyen fuera del huerto del Edén. Dios le había prometido a Abraham que le daría una tierra que se extendería desde el río Nilo hasta el Éufrates. Hoy en día el río Éufrates tiene 2780 kilómetros de largo y fluye a través de las modernas Turquía, Siria e Irak (ver Génesis 15:18; Deuteronomio 11:24; Josué 1:4).

Evangelio

Tradicionalmente se ha traducido como la "buena noticia" (del griego *euangélion*, de donde viene el término evangelismo). Así, el evangelio es la buena noticia.

¿Cuál es la "buena noticia"? Primero, la mala noticia: la humanidad se rebeló contra Dios, lo que hace a todas las personas dignas de muerte eterna. Pero la buena noticia es que Jesús, el tan esperado Mesías judío, vino a la tierra para morir en la cruz en nuestro lugar, resucitó y da vida eterna a aquellos que creen en Él, no solo a los judíos, sino a cualquiera. Pablo escribió que el evangelio es el poder de Dios para la salvación de todo aquel que cree (ver Romanos 1:16).

El evangelio según Romanos

"El camino romano"

El hecho del pecado. Romanos 3:23: "Todos pecaron, y están destituidos de la gloria de Dios".

El hecho de la muerte. Romanos 6:23: "La paga del pecado es muerte, más la dádiva de Dios es vida eterna en Cristo Jesús Señor nuestro".

El hecho del amor de Dios. Romanos 5:8: "Dios muestra su amor para con nosotros, en que siendo aún pecadores, Cristo murió por nosotros".

El hecho de la confesión. Romanos 10:9-10: "si confesares con tu boca que Jesús es el Señor, y creyeres en tu corazón que Dios le levantó de los muertos, serás salvo. Porque con el corazón se cree para justicia, pero con la boca se confiesa para salvación".

Evangelios, Cuatro

Introducción

Los Evangelios (Mateo, Marcos, Lucas y Juan) son los primeros cuatro libros del Nuevo Testamento. Son biografías de la vida, muerte y resurrección de Jesús el Mesías, escritas para que quien las lea pueda creer en Él.

Mateo

Tema: *El reino de Dios*

Mateo, cuyo nombre judío era Leví, era uno de los 12 discípulos de Jesús. Era un recaudador de impuestos que dejó todo para seguir a Jesús cuando este lo llamó. Escribió su Evangelio a los judíos, presentando a Jesús de Nazaret como el Mesías prometido a Israel y el Rey legítimo, el Rey de reyes (ver Mateo 9:9).

Datos interesantes sobre el Evangelio de Mateo

Solo Mateo registra:

▶ La visita de los magos para adorar a Jesús.

▶ El sueño de José de que el rey Herodes quería matar al niño Jesús.

▶ La huida a Egipto de José, María y Jesús para salvarle la vida al niño.

▶ El sueño de la esposa de Pilato de no tener nada que ver con el juicio de Jesús.

▶ El soborno de los soldados para mentir sobre los ángeles que hicieron rodar la piedra de la tumba de Jesús.

▶ La Gran Comisión de Jesús a sus discípulos para ir y hacer discípulos en todas las naciones.

Marcos

Tema: *El Siervo sufriente*

Juan, cuyo segundo nombre es Marcos, no fue testigo ocular de la vida de Jesús. Sin embargo, fue compañero cercano del apóstol Pedro, quien le dio detalles e información sobre su relación con Jesús. Marcos escribió su relato desde Roma y tenía en mente a los creyentes de allí, apelando a la admiración de ellos del poder y la acción.

Marcos presentó a Jesús como el Siervo sufriente. Su enfoque estaba más en los hechos de Jesús que en sus enseñanzas. Demostró la humanidad de Cristo y describió sus emociones humanas, sus limitaciones como ser humano y, finalmente, su muerte física.

Datos interesantes sobre el Evangelio de Marcos

▶ Es el más corto de los cuatro Evangelios.

▶ No contiene la genealogía de Jesús.

▶ Ofrece los milagros de Jesús más que sus enseñanzas.

▶ Registra más milagros que cualquier otro Evangelio.

> "Porque el Hijo del Hombre no vino para ser servido, sino para servir, y para dar su vida en rescate por muchos".
>
> (MARCOS 10:45)

Lucas

Tema: *El Hombre perfecto*

Lucas, médico y el único autor gentil (no judío) entre los escritores del Nuevo Testamento, escribió para fortalecer la fe de los gentiles, especialmente los creyentes griegos. También deseaba estimular a los griegos incrédulos a considerar las afirmaciones de que Jesucristo es el hombre perfecto, el Hijo del Hombre, que vino en servicio sacrificial para buscar y salvar a la humanidad pecadora. Esto es evidente desde las primeras líneas de este tercer Evangelio, que está dirigido a un hombre llamado Teófilo. Su propósito era dar a Teófilo, y a los lectores hoy en día, un relato histórico exacto de la vida única de Jesús.

Datos interesantes sobre el Evangelio de Lucas

▶ Es el Evangelio más completo.

▶ Presenta todos los eventos de la vida de Jesús.

▶ Se refiere a menudo como el Evangelio a los gentiles.

Juan

Tema: *El Hijo de Dios*

Juan, escritor de este Evangelio, era anciano cuando escribió su relato de la vida de Cristo. Proporcionó un suplemento a lo que ya había sido escrito en los tres primeros relatos del evangelio. Demostró poderosa y directamente que la deidad y la humanidad se encarnaran en el Hijo de Dios. Demostró que en Jesús, la humanidad perfecta y la deidad se mezclan, haciendo de Jesús el único sacrificio posible y digno por los pecados de la humanidad.

Ocho señales de la naturaleza divina de Jesús

1. Convertir agua en vino — Juan 2:1-11

2. Curar al hijo de un oficial del rey — Juan 4:46-54

3. Curar al paralítico de Betesda — Juan 5:1-9

4. Alimentar a 5000 con cinco panes y dos peces — Juan 6:1-14

5. Caminar sobre el agua — Juan 6:15-21

6. Devolver la vista a un ciego — Juan 9:1-41

7. Resucitar a Lázaro — Juan 11:1-44

8. Dar a sus discípulos una gran pesca — Juan 21:1-14[6]

> "Pero éstas se han escrito para que creáis que Jesús es el Cristo, el Hijo de Dios, y para que creyendo, tengáis vida en su nombre".
>
> (JUAN 20:31)

---

6. Jim George, *Guía bíblica esencial* (Editorial Portavoz, Grand Rapids Michigan, 2009), p. 184.

Exilio

En la antigüedad, cuando una nación era derrotada, muchos de su pueblo eran llevados al exilio en la tierra de los conquistadores. Estos exiliados eran usados como esclavos o como medio para suplir las habilidades que escaseaban en el país vencedor. Los reinos divididos de Israel y Judá experimentaron deportaciones como el castigo de Dios por su desobediencia.

► El reino del norte, Israel, fue exiliado a Asiria en 722 a.C. y dejó de existir (ver 2 Reyes 15:29).

► El reino del sur, Judá, experimentó tres deportaciones a Babilonia. En 605 a.C., Daniel y muchos otros jóvenes de la nobleza fueron llevados al cautiverio (ver Daniel 1:1-6). En 597 a.C., Ezequiel y otros fueron llevados cautivos después de la derrota del rey Joaquín (ver 2 Reyes 24). En 586 a.C., Jerusalén fue destruida y la mayoría de los supervivientes fueron llevados a Babilonia (ver 2 Reyes 25:8-11).

¿Sabías qué...?

Jeremías predijo que el exilio del reino de Judá duraría 70 años. ¡Eso es precisamente lo que sucedió! Desde 605 a.C. (la primera deportación) hasta 536-535 a.C. (cuando Ciro, el rey de Persia y conquistador de Babilonia, permitió que algunos de los judíos regresaran a su tierra natal) pasaron exactamente 70 años (ver Jeremías 25:11).

Éxodo

El éxodo fue un acontecimiento en la historia judía en el que el pueblo de Israel fue rescatado por Dios, por intermedio de Moisés, de la esclavitud en Egipto. Después de diez plagas enviadas por Dios, el faraón, el gobernante de Egipto, finalmente dejó ir a los israelitas esclavos. Moisés y el pueblo de Israel dejaron Egipto para ir a Canaán, a la Tierra Prometida. Pero el faraón más tarde cambió de opinión y persiguió a los israelitas cuando estos se acercaban al mar Rojo. Dios entonces hizo que las aguas se abrieran y los israelitas caminaron en seco en medio de las aguas que estaban como paredes a su derecha y a su izquierda (Éxodo 14:22). Después de que los israelitas llegaron al otro lado, Dios volvió a juntar las aguas con los egipcios en medio.

Entonces los israelitas viajaron al monte Sinaí (Horeb), donde Dios le entregó a Moisés los Diez Mandamientos. El pueblo continuó su viaje a Canaán, la tierra que Dios había prometido originalmente a Abraham, Isaac y Jacob. Desafortunadamente, los israelitas temieron al pueblo gigante en Canaán, y se negaron a obedecer el mandato de Dios de tomar la tierra. En consecuencia, Dios hizo que una generación entera vagara en el desierto durante 40 años, hasta que murieron. Solo Josué y Caleb, quienes creyeron en Dios, vivieron para morar en la tierra de Canaán junto con la nueva generación de israelitas. Josué fue el sucesor de Moisés, quien llevó al pueblo a Canaán, conquistando al pueblo malvado de la tierra (para aprender más sobre el Éxodo, ver Éxodo 13:17—14:31).

Los israelitas dejaron Sucot, y después de cruzar el Mar Rojo, se detuvieron en el oasis de Elim. En el monte Sinaí Dios les dio los Diez Mandamientos. Después de desobedecer el mandato de Dios de entrar en Canaán, el pueblo fue enviado a vagar por el desierto durante 40 años (ver mapa en la página 110).

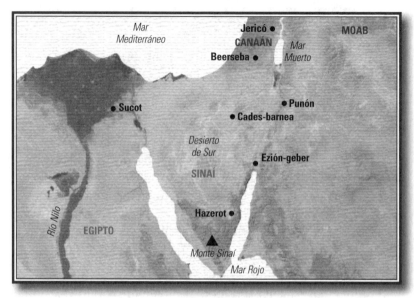

Las regiones del éxodo

Ezequías

Ezequías, cuyo nombre significa "fuerza de Jehová" o "fuerza de Dios", fue uno de los reyes del reino de Judá. A diferencia de su padre, Ezequías era un rey justo. En 2 Reyes 18:5, fue recomendado por su fidelidad a Dios. Ezequías fue quizás más conocido por sus oraciones. En una de ellas, le pidió a Dios que interviniera contra un ejército invasor asirio. Dios respondió a la oración matando a 185.000 hombres en el campamento asirio, haciendo que el rey asirio Senaquerib huyera. En otra oración, Ezequías le pidió a Dios que intervenga en su enfermedad terminal. Dios respondió a esta oración de devoción y le otorgó otros 15 años de vida (para la historia de Ezequías, ver 2 Reyes 18:1—20:21).

Una lección de Ezequías para la vida

¡Tú puedes marcar la diferencia!

¿Es la herencia o el ambiente lo que moldea tu destino? Ezequías desafió a los dos. Su padre, Acaz, era un idólatra, cerró el templo y colocó ídolos para el culto pagano en todas partes. Sin embargo, la fe y el carácter de Ezequías están en marcado contraste con las de su padre y la condición espiritual de la tierra. Ezequías fue uno de los pocos reyes de la historia de Judá que Dios compara favorablemente con el rey David. Durante su reinado, Ezequías trajo consigo una gran reforma espiritual.

Puedes estar preguntándote: "¿Cómo puedo marcar una diferencia? ¡Soy una persona insignificante!". Como Ezequías, tienes el arma de la oración. La oración marca la diferencia. Al igual que Ezequías, tienes la poderosa arma de tu carácter; tu carácter piadoso brillará como la luz en un mundo oscuro. ¡Usa los recursos increíbles que Dios te da para que puedas marcar la diferencia!

F

Fariseos

Los fariseos eran una de las sectas judías más prominentes durante los tiempos del Nuevo Testamento. Entre las características que los definen se incluyen su firme compromiso con las Escrituras del Antiguo Testamento, así como con la ley oral, que era un intento de explicar la ley escrita. A menudo se enfrentaban a Jesús porque Él, con sus acciones, violaba sus tradiciones orales. Como la curación de las personas y la recolección del grano en el sábado, lo que se consideraba una "obra" prohibida en sábado, según la ley. Jesús criticó la hipocresía, la autojustificación y la enseñanza legalista de muchos de los fariseos de su tiempo. El apóstol Pablo era un fariseo antes de convertirse en cristiano, y había algunos fariseos, como Nicodemo y el rabino Gamaliel, de quienes la Biblia habla positivamente. Tristemente, los fariseos estuvieron involucrados en el complot para matar a Jesús (ver Mateo 12:1-14; Juan 3:1-7; Hechos 5:34-39).

Una lección de los fariseos para la vida

Ser auténticos

Muchos de los fariseos se opusieron a Jesús porque Él les decía que sus acciones religiosas exteriores a menudo no coincidían con su carácter interior. Jesús los llamó hipócritas. Un hipócrita es un individuo de dos caras, que aparenta ser una clase de persona, mientras que secretamente es alguien más. Jesús conocía los corazones de los fariseos y los expuso por lo que realmente eran.

Nadie puede engañar a Dios. Él conocía los corazones de los fariseos, y también conoce tu corazón. ¿Qué ve Dios cuando mira dentro de ti? Que hoy sea el momento para ser auténtico. Si te encuentras actuando como un hipócrita, haz algo al respecto, pídele a Dios que te dé un corazón puro. Entonces tus acciones, especialmente tus actividades religiosas, confirmarán verdaderamente la pureza de tu corazón.

Fe

A lo largo de la Biblia, la fe se define como confianza o creencia. El patriarca Abraham tenía fe en la promesa que Dios le dio de que sería padre de muchas naciones, y Dios le contó esta fe como justicia. Génesis 15:6 se convirtió en un texto fundamental para Pablo, quien sostenía que nosotros somos justificados por la fe y no por las obras de la ley. Jesús a menudo reprendió a sus discípulos por no tener suficiente fe. Santiago subrayó que la fe sin obras está muerta; y Pablo escribió que la fe salvadora resultará en buenas obras, no para ser salvo, sino como producto de una fe genuina. Hebreos 11, a menudo es conocido como el "Salón de la fe de la Biblia", enumera muchas figuras bíblicas que eran conocidas por su fe (ver Génesis 15:6; Romanos 3:28; 4:3; Gálatas 3:6; Santiago 2:17).

Salvados para servir

Porque por gracia sois salvos por medio de la fe;
y esto no de vosotros,
pues es don de Dios; no por obras,
para que nadie se gloríe.
Porque somos hechura suya,
creados en Cristo Jesús para buenas obras,
las cuales Dios preparó de antemano
para que anduviésemos en ellas
(Efesios 2:8–10).

Fiestas de la Biblia

Las fiestas judías presentan una parte de la riqueza cultural de la nación. Con el pueblo disperso por toda la tierra, tres fiestas anuales ayudaron a unificar social y religiosamente a los judíos. Estas fiestas principales requerían que todos los varones estuvieran presentes, y eran ocasiones alegres que conmemoraban el éxodo desde Egipto hacia la Tierra Prometida (ver Éxodo 23:14-17).

Fiesta de los panes sin levadura. Esta fiesta comenzó el día después de la cena de la Pascua; se requería que las personas comieran panes sin levadura durante los siete días que duraba esta fiesta. El propósito de esta fiesta era recordar el tiempo de la Pascua y el éxodo del pueblo de Dios desde Egipto. La Última Cena (que se registra en el Nuevo Testamento) era en realidad la comida de la Pascua. Fue allí donde Jesús tomó simbólicamente los panes sin levadura y el vino y los comparó con su cuerpo y su sangre. Teológicamente, Jesús era nuestro Cordero pascual perfecto, por su vida sin pecado y enviado a morir en la cruz para salvarnos de la ira de Dios por nuestro pecado (ver Levítico 23:4-8; Mateo 26:17-29).

Fiesta de la cosecha. Esta fiesta era también llamada la fiesta de las semanas. La fiesta de las semanas venía siete semanas, o "cincuenta días", después de la Pascua. Las primicias de la cosecha del trigo eran ofrecidas en esta fiesta. El término griego *pentekosté* significa "cincuenta". En el contexto cristiano, Dios derramó su Espíritu Santo sobre Pedro y los apóstoles en Pentecostés. Pedro predicó un sermón a los peregrinos que habían venido a la fiesta de las semanas o Pentecostés, y todos oyeron el mensaje en su propio idioma. ¡Ese día, 3000 personas se salvaron! (ver Levítico 23:6; Números 28:26-31; Hechos 2).

Fiesta de los tabernáculos. Esta fiesta fue también llamada fiesta de las enramadas o cabañas. Esta fiesta comenzaba cinco días después de

Yom Kipur ("Día de la expiación"), y duraba siete días. Se añadió un octavo día para el descanso físico. Para la fiesta, las familias judías construían cabañas o tabernáculos temporales hechos de ramas de palma para conmemorar la provisión de Dios para ellos en el desierto cuando los sacó de Egipto (ver Levítico 23:33-43).

Otras fiestas

Clase de fiesta	Propósito de la fiesta
Primeros frutos o primicias	Dedicar la primera parte de la cosecha de cebada al Señor
Trompetas	Consagrar el séptimo mes como mes sabático
Día de la expiación	Señalar anualmente el perdón y la purificación del pecado para los sacerdotes, la nación y el tabernáculo
Dedicación o Hanukká	Celebrar la purificación del templo en el 167 a.C.[7]
Purim	Conmemorar anualmente la liberación de los judíos de la masacre planeada por Amán en Ester 9

Filipos

La ciudad de Filipos (situada en lo que hoy es Grecia) recibió su nombre de Felipe II de Macedonia (padre de Alejandro el Grande). Atraído por las minas de oro cercanas, Felipe conquistó la región en el siglo IV a.C. En el siglo II a.C., Filipos se convirtió en parte de la

7. Esta fiesta celebra la purificación del templo en la época de la rebelión macabea del 167 a.C. Se celebra alrededor del 25 de diciembre. Es la única fiesta judía no ordenada en la Biblia hebrea.

provincia romana de Macedonia. La ciudad permaneció desconocida hasta la famosa batalla de Filipos (en la que las fuerzas de Antonio y Octavio derrotaron a las de Bruto y Casio). Después de la batalla, Filipos se convirtió en una colonia romana con todos los derechos y privilegios concedidos a las ciudades de lo que hoy es Italia, incluyendo la ciudadanía y la exención de impuestos.

Filipos fue la primera ciudad europea visitada por el apóstol Pablo en su segundo viaje misionero (ver *Pablo*), y la iglesia que estableció allí fue también la primera que fundó en Europa. Más tarde, Pablo escribió una carta a los cristianos en Filipos mientras estaba en prisión en Roma, agradeciéndoles por su apoyo a su ministerio y animándoles a vivir una vida gozosa en Cristo. También describió a los cristianos en Filipos como ciudadanos del cielo, que tenían gran significado porque ellos se enorgullecían de ser ciudadanos de Roma (ver Filipenses 3:20).

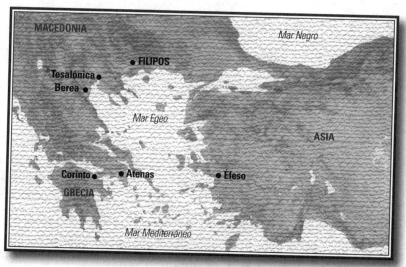

Filipos

Filisteos

En general se cree que los filisteos, mercenarios de origen étnico mixto que vivían en toda la región mediterránea, emigraron de las islas del mar Egeo a la tierra de Canaán. Allí se convirtieron en vecinos de Israel y frecuentemente lucharon contra el pueblo de Israel. Un ejemplo famoso es la batalla en la que el gigante filisteo Goliat desafió a que cualquiera de los hombres del rey Saúl luchara contra él (1 Samuel 17).

G

Galacia

Galacia era una región en la parte central de lo que hoy es Turquía. Se pobló de celtas cuyos antepasados habían emigrado allí. Cuando el apóstol Pablo llegó a Galacia con Bernabé, muchos de los gálatas comenzaron a ofrecerles sacrificios, confundiéndolos con los dioses griegos Zeus y Hermes. Incluso cuando Pablo y Bernabé rasgaron sus ropas y hablaron al pueblo del verdadero Dios al que debían adorar, todavía tenían dificultad para impedir que los gálatas les ofrecieran sacrificios (ver Hechos 14:11-18).

Algunas personas en Antioquía, una importante ciudad de Galacia, enseñaban que los gentiles tenían que convertirse en judíos y observar ciertos rituales judíos antes de que pudieran convertirse en cristianos. Esta falsa enseñanza llevó a Pablo a escribir una carta a los de Galacia, conocida como Gálatas en la Biblia (Ver *Epístolas: Gálatas*).

Galacia

Galilea

Este era el nombre dado a la región más septentrional de Israel. Se menciona varias veces en el Antiguo Testamento. La ciudad natal de Jesús de Nazaret estaba situada en Galilea. Capernaum, la ciudad que Jesús escogió como base de su ministerio, también estaba en Galilea. Debido a que había más de 250 pueblos y muchas sinagogas en Galilea, Jesús fue y enseñó a un gran número de personas en esa región.

Gedeón

Gedeón fue juez en Israel durante un tiempo en el que la nación estaba bajo la opresión de los madianitas debido a la desobediencia de Israel contra Dios. Dios usó a Gedeón para destruir no solo un altar de Baal (ver *Baal*) sino también para derrotar a los madianitas. Gedeón le pidió a Dios que le indicara si Él le usaría para ayudar a salvar a Israel. Dios le mostró a Gedeón claramente que lo haría, y con 300 hombres armados solo con trompetas y antorchas escondidas en vasijas de barro, Gedeón venció. Más tarde, Gedeón rechazó la oferta del pueblo de hacerle rey, diciendo que ni él ni su hijo gobernarían sobre el pueblo, pero el Señor Dios gobernaría sobre ellos (ver Jueces 8:23. Para la historia de Gedeón, ver Jueces 6 y 7).

Una lección de Gedeón para la vida

¿Estás pidiendo una señal?

Gedeón, un simple agricultor, quería que Dios le diera pruebas de que podía derrotar verdaderamente al poderoso ejército madianita. Curiosamente, Dios le dio una señal, y lo que es más importante, una victoria dramática.

Ahora, ¿qué hay de ti? La mayoría de la gente piensa que si fueran visitados por Dios nunca serían tan débiles como Gedeón, cuestionando, dudando de Dios y pidiendo pruebas. Pero piensa en esto: cada vez que abres la Palabra de Dios y no respondes con fe a su mensaje, estás siguiendo los caminos equivocados de Gedeón. Si deseas tener más de la guía de Dios, no pidas señales, pide fe para creer y obedecer mientras lees los mensajes revelados de Dios en su Palabra, la Biblia.

Gentiles

El término gentiles significaba originalmente "naciones". De hecho, la palabra hebrea *goyim* y el término griego *etne* significan "naciones". Con el tiempo, el término gentil tomó el significado de no judío o perteneciente a naciones distintas a Israel.

¿Sabías que...?

- La nación judía creía que eran "escogidos" para ser los únicos bendecidos por Dios. Los judíos se perdieron completamente del plan de Dios de ser ellos quienes compartieran las bendiciones con los gentiles, y con todas las naciones (Génesis 12:3).

- Jesús ministró a los no judíos, lo cual demostró que la bendición de Dios era incluir a los gentiles (por ejemplo, ver Mateo 8:5-13; Marcos 7:24-30; Juan 4:27).

- La sangre de Cristo ha acercado a los gentiles a Dios (Efesios 2:11-13).

- Todas las barreras que dividían a judíos y a gentiles fueron abolidas en Cristo (Efesios 2:14).

Geografía de la Biblia

Ríos. Los principales ríos de la Biblia incluyen...

- El Tigris (o Hidekel), a lo largo del cual se localizaba Nínive, la capital de Asiria.

- El Éufrates, que fluía a través del huerto del Edén y donde estaba situada Babilonia.

- El Nilo, donde se colocó una canasta con el bebé Moisés dentro, para salvarle la vida.

- El Jordán, el río que el pueblo de Dios cruzó para entrar en la Tierra Prometida.

Montañas. Montes y montañas importantes incluyen...

- Monte Ararat, donde reposó el arca de Noé.

- Monte Moriah, donde Abraham ofreció a su hijo Isaac en obediencia a Dios.

- Monte Sinaí, donde Dios dio a Moisés los Diez Mandamientos.

- Monte Carmelo, donde Elías desafió a los profetas de Baal.

- Monte Nebo, desde donde Moisés vio la Tierra Prometida, murió y fue sepultado por Dios.

- Monte de los Olivos en Jerusalén, donde el mismo Dios se parará en los últimos días.

Valles. Algunos de los valles incluyen...

- El valle de Hinom (justo a las afueras de Jerusalén), donde la basura era quemada. Este sitio proporcionó el telón de fondo para gran parte de la enseñanza de Jesús sobre el infierno.

- El valle de Meguido, donde se librará la batalla final de la tierra, la batalla de Armagedón.

Mares y lagos. Algunos mares y lagos familiares incluyen…

- Mar Mediterráneo, que bordea la costa de Israel y otros lugares importantes descritos en la Biblia, como Egipto, Roma y Grecia.

- Mar Rojo, a veces llamado el mar de las Cañas, que Dios separó para liberar a los israelitas de la esclavitud egipcia.

- Mar Muerto o Mar Salado, cerca del que se encontraron los Rollos del Mar Muerto. Estos rollos contienen copias precisas de ciertos libros de la Biblia del Antiguo Testamento.

- Mar de Galilea, un gran lago que se menciona en relación con muchos acontecimientos en la vida de Jesús y sus discípulos.

- Lago de fuego y azufre, un lugar profético donde Satanás, la bestia, el falso profeta, y en última instancia, la muerte, un día serán arrojados para siempre.

Gracia

La gracia es un favor inmerecido. En otras palabras, es obtener algo que no se merece. La gracia no puede ser ganada; Dios nos la da libremente.

¿Por qué necesitamos gracia? Cuando Adán desobedeció a Dios en el huerto del Edén, el pecado entró en el mundo, lo cual produjo la muerte espiritual, y porque todos pecan, la muerte se extiende a todos. No hay obras religiosas que una persona pueda hacer para ganar un lugar en el cielo, pues todos somos pecadores y no podemos pagar la deuda por nuestros pecados. Pero Dios, en su gracia, hizo lo que ningún hombre pudo hacer: envió a su Hijo, el Señor Jesús, el sacrificio perfecto, para morir en nuestro lugar como pago por nuestra deuda y para ofrecernos esta gracia (ver Romanos 5:12; Efesios 2:8-9).

> "En quien [Jesús] tenemos redención por su sangre, el perdón de pecados según las riquezas de su gracia, que hizo sobreabundar para con nosotros en toda sabiduría e inteligencia".
>
> (Efesios 1:7-8)

Grecia

Después de las conquistas y la posterior muerte de Alejandro el Grande, todo su reino se dividió entre sus cuatro generales, tal como Daniel lo había profetizado varios cientos de años antes. La mayor parte del mundo conocido estuvo bajo la influencia de la cultura griega. En tiempos del Nuevo Testamento, Grecia ya no era una potencia mundial, sino una nación extremadamente influyente. Pablo pasó por Grecia tres veces en sus viajes misioneros. Como resultado, la gente en Grecia escuchó el evangelio de Jesucristo, respondió a él y las iglesias fueron establecidas (ver Daniel 8:2-8, 21).

Alejandro el Grande

Alejandro (cuyo nombre significa "hombre defensor") el Grande, hijo del rey Felipe de Macedonia, nació en 356 a.C. Después de que su padre murió, cuando tenía solamente 20 años, fue elegido por los griegos para ser general en su lucha contra los persas, logrando conquistar casi toda Asia Menor.

Fue conocido por esparcir la cultura griega (helenística) en todo el Cercano Oriente. Murió en Babilonia de una fiebre en el año 323 a.c., cuando tenía solo 33 años de edad. El profeta Daniel (escribiendo alrededor de 530 a.c.) predijo la conquista de Persia por Alejandro (330 a.c.) en Daniel 8:3-8, 21.

Guerra en la Biblia

Debido a que la guerra en los tiempos bíblicos dependía de una tecnología primitiva, se debía invertir tiempo planeando las batallas. Las condiciones físicas tales como el terreno, la lluvia y el frío desempeñaron un papel importante en la determinación de cuándo podían librarse batallas. Por ejemplo, las condiciones en el desierto eran duras, proporcionando numerosos desafíos, tales como los que Josué encontró cuando lideró al pueblo de Israel en la batalla contra los cananeos. Los soldados hicieron uso frecuente de escuderos (ver *Oficios en tiempos bíblicos*), lo que hizo las cosas solamente un poco más fáciles para los hombres que luchaban. Como rey de Israel, David llevó a cabo muchas conquistas, especialmente con su comandante militar Joab, que demostró ser tan sanguinario que él junto con sus escuderos terminaron matando al hijo rebelde de David, Absalón, cuando se enredó en un árbol, provocando con esto un gran dolor a David.

No solo los israelitas lucharon contra las naciones paganas circundantes a lo largo de su historia antigua, sino que también lucharon entre sí en una guerra civil que tuvo lugar cuando el reino se dividió en dos después del reinado de Salomón. La Biblia nos habla de que habrá guerras y rumores de guerras al final de los tiempos, cuando el Mesías regrese (ver Josué 6; 2 Samuel 18:14-15; Mateo 24:4-8).

H

Herodes el Grande

Roma estableció a Herodes el Grande como el rey títere que gobernó al pueblo judío en Palestina de 40 a 4 a.C. Era odiado por sus súbditos judíos a pesar de que hizo muchas cosas, como reconstruir el templo, con la esperanza de ganárselos. Herodes era un líder astuto y un verdadero aliado de Roma. Sus muchos problemas familiares y personales lo llevaron a asesinar a su esposa y a sus dos hijos (se decía de él que: "es mejor ser el cerdo de Herodes que el hijo de Herodes"). El libro de Mateo nos dice que José, el padre de Jesús en la tierra y esposo de María, fue advertido en un sueño que Herodes quería matar a Jesús porque lo vio como una amenaza para su trono. Así que José llevó a María y al niño Jesús a Egipto, y no regresaron hasta después de la matanza de los niños inocentes en Belén y la posterior muerte del Herodes (Mateo 2:1-21).

I

Idiomas de la Biblia

La Biblia fue escrita principalmente en hebreo y griego (también una pequeña parte en arameo). No es casualidad que la Biblia haya sido escrita en estos diferentes idiomas. El hebreo es un lenguaje poético e ideal para la historia narrativa del Antiguo Testamento. El griego, sin embargo, era el idioma universal en el momento en que el Nuevo Testamento fue escrito, lo que hizo de la Biblia un libro para todas las personas. El griego es también un lenguaje muy preciso, lo que asegura que no haya dudas de lo que Dios quiso decir con respecto a las doctrinas presentadas en el Nuevo Testamento.

Hebreo. La mayor parte del Antiguo Testamento está escrita originalmente en hebreo. El hebreo era el idioma de los antiguos israelitas (o judíos), y todavía se conoce y habla hoy en día. El hebreo se lee de derecha a izquierda. Además no tenía vocales formalmente escritas, por lo que alrededor del 900 d.C., un grupo de eruditos judíos, los masoretas, crearon un sistema vocálico a base de puntos, barras y guiones. Este sistema se utiliza en la mayoría de los textos bíblicos hasta nuestros días. Jesús probablemente hablaba y leía hebreo a menudo. Se le cita habitualmente hablando arameo, que muchos estudiosos creen era su lengua materna (para un ejemplo, ver Marcos 5:41).

Griego. Después del establecimiento del Imperio romano, la cultura helenística (griega) estaba tan extendida que, para llevar a cabo los negocios diariamente, todo el mundo debía ser capaz de hablar al menos el griego común o del mercado, aunque no fuera su idioma principal. Este es el tipo de griego en el que se escribió el Nuevo Testamento, un idioma popular.

Iglesia

Cuando pensamos en la iglesia, a menudo pensamos en algún tipo de edificio. Pero el término griego *ekklesía* (que se traduce "iglesia") no se refiere a un edificio, significa "asamblea"; específicamente, una asamblea de creyentes en Jesús. Esto puede referirse a un cuerpo específico de creyentes, o puede referirse a todos los creyentes colectivamente (como es el caso en 1 Corintios 15:9).

Cuatro propósitos de la iglesia local

1. Exaltación de Jesucristo
2. Evangelización de los perdidos
3. Edificación de los creyentes
4. Expresión de servicio[8]

Imperio romano

El Imperio romano operó bajo una sucesión de emperadores, comenzando con Augusto en 31 a.C. El más famoso o conocido líder de Roma fue Julio César, cuyo poder era grande y sus conquistas numerosas. Debido a su fuerza y poder, Julio César allanó el camino para el cambio de una democracia a una dictadura. Su sobrino, Augusto, se convirtió en el primer emperador del Imperio romano.

---

8. Roy B. Zuck, *The Speaker's Quote Book* (Grand Rapids, MI: Kregel Publications, 1997), p. 71.

Infierno

El término español infierno se utiliza a menudo para traducir el término del Nuevo Testamento *géenna*, que se utilizó en referencia al valle de Hinom, una región geográfica concreta en Jerusalén, donde los desperdicios y basura se quemaban continuamente. Jesús usó las imágenes de fuego muchas veces cuando contrastó la *géenna* con el glorioso reino de Dios. El infierno es un lugar de juicio y de tormento para todos los que han pecado, y no han depositado su confianza en la obra salvífica de Jesús en la cruz. Sus habitantes sufren tinieblas, llanto, lamentos, crujir de dientes y separación eterna de Dios (ver Mateo 5:22).

Ira de Dios

Pablo escribió acerca de la ira de Dios en el Nuevo Testamento, señalando que esta ira es revelada desde el cielo contra toda impiedad e injusticia. La ira de Dios no es una venganza malévola, sino una justicia santa. Es un error común entre la gente de hoy día pensar que Dios en el Antiguo Testamento era un Dios de ira, y uno de amor en el Nuevo Testamento. La verdad es que en ambos Testamentos es a la vez un Dios de misericordia y de ira. Por ejemplo, en el libro del Éxodo aprendemos que Dios es compasivo y perdona el pecado, y también que Él derramará su ira contra todos los impíos. Si no fuera por la muerte del Hijo de Dios, Jesucristo, en la cruz, por la que canceló la deuda del ser humano, todos sufriríamos su ira eternamente porque todos hemos pecado y faltado a la ley de Dios. Pero afortunadamente, aquellos que aceptan a Jesús como Señor y Salvador ya no son "hijos de ira". A ellos se les ha dado vida junto con Cristo, han sido salvados por su gracia (ver Romanos 1:18; Éxodo 34:6-7; Romanos 3:23; Efesios 2:3, 5).

Isaac

Isaac, significa "risa", fue el hijo prometido y esperado de Abraham y Sara en el Antiguo Testamento. El punto culminante de su vida vino cuando confió en Dios y en su padre cuando fue ofrecido a Dios como un sacrificio. Se casó con Rebeca, que vino de Mesopotamia, la tierra de su padre. Tuvieron hijos gemelos: Esaú y Jacob. Su momento más oscuro fue cuando, al igual que su padre Abraham, le pidió a Rebeca que mintiera sobre su relación matrimonial. Su cobardía fue descubierta y le pidieron que saliera de la región de los filisteos.

Isaac es significativo en el sentido de que es una figura de transición. La promesa hecha por Dios a Abraham de hacer una gran nación fue transmitida a Isaac, quien pasaría esa herencia a su hijo Jacob. Isaac parece haber sido una persona pasiva que no tomó acciones audaces. Se contentaba con vivir en la Tierra Prometida, atendiendo a sus rebaños y manadas. Isaac vivió 180 años (para la historia de Isaac, lea Génesis 21—27).

Una lección de Isaac para la vida

Defiende lo que crees

El espíritu tranquilo de Isaac se hizo evidente desde temprana edad, cuando no ofreció ninguna objeción ya que su padre, Abraham, levantó un cuchillo para matarlo. Este mismo espíritu se volvió nuevamente en su contra al ser provocado por sus enemigos que reclamaron sus pozos de agua como si fueran suyos. Pero la naturaleza pasiva de Isaac tenía su lado oscuro, que se hizo evidente cuando se negó a defender a su esposa contra la posibilidad de ser deshonrada.

En Mateo 5:9, la Biblia habla de las bendiciones de ser un pacificador. Sin embargo, esta cualidad nunca debe ser a expensas de tu carácter, tus responsabilidades o tu obediencia a los estándares de Dios. Mantente firme por lo que crees, y confía en Dios quien protegerá tus intereses y honrará tu valor.

Isaías

El profeta Isaías recibió de Dios, en una visión, su comisión de profetizar al pueblo en el reino del sur, Judá. Dios se le apareció a Isaías en una visión gloriosa y tan portentosa que su pecado se le hizo tan claro que pensó que iba a morir porque había visto a Dios. Pero un ángel tocó la boca de Isaías con un carbón encendido y le dijo que su pecado era perdonado.

El ministerio profético de Isaías abarcó los reinados de cuatro reyes de Judá: Uzías, Jotam, Acaz y Ezequías. Dios usó a Isaías para profetizar muchas cosas, incluyendo el nacimiento de Jesús y su muerte en favor de la humanidad. El libro de sus profecías lleva su nombre y tiene el mayor número de capítulos en el Antiguo Testamento, 66. Isaías es considerado uno de los grandes profetas (los otros son Jeremías, Ezequiel y Daniel) (ver Isaías 52:13—53:12; 7:14).

¿Sabías que...?

- Isaías es considerado por muchos como el mayor profeta del Antiguo Testamento.

- Isaías es citado unas 50 veces en el Nuevo Testamento.

- Isaías fue capaz de predicar el perdón de Dios porque lo había experimentado personalmente.

- El mensaje de Isaías está dividido en 39 capítulos sobre el juicio de Dios seguido de 27 capítulos sobre la gracia de Dios.

- Isaías te muestra cómo seguir a Dios aun cuando hay poca respuesta de los que te rodean.

Diálogo entre Dios e Isaías

Dios preguntó: "¿A quién enviaré, y quién irá por nosotros?".

Isaías respondió: "Heme aquí, envíame a mí".

(Ver Isaías 6:8).

Israel

Israel (significa "el que lucha con Dios") es el nombre que Dios le dio a Jacob (ver *Jacob*), el hijo de Isaac. *Israel* también hace referencia a la nación y al pueblo que descendió de Jacob. El Mesías eventualmente llegó de Israel. El Mesías, Jesús, no solo redimiría a Israel, sino que haría posible que todos los demás se relacionaran con Dios. En la historia temprana de Israel, Dios le dijo al pueblo que Él no los eligió porque eran los más grandes en número. De hecho, Israel era el menor de todos los pueblos. No, Dios los eligió porque los amó y guardó el juramento que hizo a sus antepasados (ver Deuteronomio 7:7).

J

Jacob

Jacob (cuyo nombre significa "embaucador" o "suplantador") era uno de los gemelos nacidos a Isaac y Rebeca. Jacob pasó su juventud viviendo como un nómada en la tierra de Canaán con sus padres y su hermano gemelo (mayor), Esaú. Pero la rivalidad entre los gemelos y el engaño hacia su padre obligó a Jacob a huir, por su seguridad, a donde vivía la familia de Rebeca. Mientras estaba fuera, se casó con dos esposas y tuvo dos concubinas, las cuales le dieron un total de 12 hijos varones.

Después de muchos años lejos de sus padres y su hermano Esaú, Jacob regresó a la tierra de su padre. La noche antes de que Jacob se enfrentara a su hermano, quien viajaba para encontrarse con él, experimentó un combate único, una lucha nocturna con un "hombre" a quien identificó como Dios en forma humana. Jacob se negó a liberar su dominio sobre su oponente divino hasta que el Señor lo bendijera. Entonces el Señor le dio un nuevo nombre, Israel, que significa "el que lucha con Dios". Los 12 hijos de Jacob formaron las 12 tribus que constituían la nación judía de Israel, que recibió el nombre de su padre (para saber sobre la historia de Jacob, ver Génesis 25—50).

Los cuatro encuentros de Jacob con Dios

Encuentro 1   Después de que Jacob engañó a su familia y abandonó su hogar para salvarse de la venganza de Esaú su hermano, Dios se le apareció para confirmarle su bendición. Es en este encuentro donde se relata la historia de la "escalera de Jacob".

Encuentro 2   Después de que Jacob fue engañado por Labán, su suegro, Dios se le apareció y aprobó su deseo de dejar a su suegro y regresar a casa.

Encuentro 3   En su viaje a su tierra natal, Jacob luchó con Dios, asiéndose de Dios y negándose a dejarlo ir hasta que lo bendijera, lo que Dios hizo.

Encuentro 4   Después de que Jacob llegó a casa, Dios le recordó su nuevo nombre, Israel, que significa "el que lucha con Dios" o "Dios lucha".[9]

Una lección de Jacob para la vida

El terreno para crecer

Jacob no fue ciertamente el perfecto modelo para seguir. En la primera etapa de su vida tuvo una pronunciada tendencia a mentir, engañar, manipular y resolver los asuntos con sus propias manos. Pero las cosas comenzaron a cambiar. Cuando Jacob fue forzado a salir de su ambiente seguro por su propia culpa, engaño y mentira, comenzó a buscar de la provisión de Dios. Al final de su vida, Jacob

9. Ver Génesis 28:10-22; 31:10-13; 32:22-28; 35:9-13.

no estaba dispuesto a hacer nada sin pedir la dirección de Dios. Debido a que hubo una transformación tan dramática en su corazón, Dios cambió el nombre de Jacob de "engañador" a Israel, que significa "el que lucha con Dios" (ver Génesis 32:28).

Como en el caso de Jacob, nuestros fracasos y adversidades se convierten en terreno fértil para el crecimiento. Las desgracias de Jacob lo obligaron a confiar en Dios. ¿Estás experimentando un tiempo de dificultad? En lugar de ver tu desgracia como algo negativo, ve tu situación actual como una oportunidad para confiar en Dios y crecer espiritualmente. Dios quiere que aprendas de tu problema actual, no para evitarlo o resentirte. Acoge tu vida con todas sus pruebas. Permite que Dios te fortalezca y te dé su victoria.

El orden de nacimiento de los 12 hijos de Jacob

Madre	Hijo
Lea (esposa)	Rubén
	Simeón
	Leví
	Judá
Bilha (sierva de Raquel)	Dan
	Neftalí
Zilpa (sierva de Lea)	Gad
	Aser
Lea	Isacar
	Zabulón
Raquel (esposa)	José
	Benjamín

Jehová

Ver *Dios, nombres de.*

Jeremías

Jeremías (cuyo nombre significa "Jehová exalta") era un hombre en la aldea de Anatot, situada justo al norte de Jerusalén en el reino de Judá. Dios apartó a Jeremías al nacer para que fuera su portavoz profético.

Jeremías comunicó fielmente las palabras de Dios a su pueblo durante 40 años, advirtiéndoles acerca de la condena y el cautiverio que seguramente llegarían, a menos que se arrepintieran y se volvieran a Dios. Pero nadie lo escuchaba. Muchos maestros de la Biblia lo llaman "el profeta llorón", pues Jeremías a veces perdía la esperanza en cuanto a la posición que Dios le había dado. Incluso la gente de su ciudad lo odiaba; ya que sus mensajes definitivamente no eran populares. Pero Jeremías permaneció obediente a su llamado para advertir al pueblo, e incluso en su desesperación, alabó a Dios. Cerca del tiempo del juicio de Dios, Jeremías se paró en el atrio del templo del Señor y proclamó el juicio de Dios sobre Jerusalén y todas las ciudades circundantes, porque se negaron a escuchar las palabras de Dios. El sacerdote y el principal oficial del templo respondieron golpeando a Jeremías y poniéndolo en el cepo. Las predicciones de Jeremías pronto se convirtieron en realidad cuando Jerusalén fue destruida y el pueblo fue llevado cautivo. Jeremías es también el autor del libro de Lamentaciones, donde expresa su sufrimiento porque el pueblo de Dios estaba en pecado (ver Jeremías 19:15; 20:1-18).

Los mensajes de Jeremías no siempre estaban llenos de la ira de Dios, a menudo dio mensajes edificantes, como la declaración de Dios de que después de un tiempo de juicio, restauraría a Israel y Judá, y establecería un nuevo pacto con Israel (ver Jeremías 29:10-11; 30—31).

━━━━ Una lección de Jeremías para la vida ━━━━

Mantenerse en la tarea

Jeremías fue increíblemente obediente a Dios, aunque sufrió inmensamente por ello. Su compromiso con Dios fue a largo plazo, hasta el final. Contra todo pronóstico, se mantuvo en la tarea, predicando y advirtiendo al pueblo de Dios. ¿Y el costo de este compromiso?

Él predicó... y el pueblo permaneció entumecido o lo ignoró.

Él predicó... y el pueblo lo odiaba y lo amenazaba.

Él predicó... y el pueblo lo azotó y lo encarceló.

Sin embargo, Jeremías se negó a vacilar ante la asignación de Dios. Sufría a pesar de las dificultades y predicó, incluso sin respuesta. Sin embargo, Dios cuidó fiel y continuamente a su profeta. Al igual que Jeremías, en cualquier ministerio que Dios te haya dado, no te des por vencido, ni retrocedas, ni huyas; vuelve a Dios, revisa y renueva tu compromiso. Utiliza todos los recursos disponibles de Dios. Cuentas con su gracia para hacerlo. Como Jeremías, mantén tu corazón y mente fijos en Él y que todos "¡Alaben al Señor!" (Jeremías 20:13 NTV).

Jerusalén

Originalmente conocida como Salem (del hebreo *shalém*, que significa "paz"), Jerusalén (que significa "fundamento de paz") fue escogida por el Señor como lugar central de su atención. Jerusalén se menciona por primera vez en Génesis 14:18, cuando Abraham honró al sacerdote Melquisedec, rey de Salem, como siervo del Dios Altísimo. La ciudad en sí está a más de 600 metros sobre el nivel del mar, por lo que es una de las ciudades de mayor elevación en Israel.

Alrededor de 1000 a.c., David capturó la ciudad y la convirtió en la capital de su reino, fue conocida como la Ciudad de David. David hizo planes para construir un templo a Dios en Jerusalén, pero en última instancia su hijo, Salomón, lo construiría, haciendo de Jerusalén el centro de adoración para todo Israel.

Jesús frecuentemente subió a Jerusalén durante su vida terrenal y finalmente, Jesús fue ejecutado en la cruz y resucitó de los muertos en Jerusalén. Él subió al cielo desde Jerusalén, y es ahí que regresará en gloria y establecerá su reino terrenal, donde gobernará durante mil años. Después, como parte del reino eterno de Dios de un nuevo cielo y una nueva tierra, una Nueva Jerusalén, que tiene la gloria de Dios, bajará del cielo (ver 1 Reyes 14:21; Hechos 1:7-11; Apocalipsis 21—22).

Jesús

Jesús es el hombre más grande que haya vivido. Mateo 1:1 dice que Jesús es "el Mesías, descendiente de David y de Abraham" (NTV). Jesús nació de una virgen llamada María, que estaba comprometida con José. Un ángel le ordenó a José que llamara Jesús al hijo de María, una traducción del griego *Iesoús*, que viene del nombre hebreo *Yejoshúa*, que significa "el Señor es salvación" o "Salvador" porque Él salvaría a su pueblo de sus pecados. Jesús, igual a Dios, descendió a la tierra para habitar entre los hombres y convertirse en el sacrificio sin mancha, que liberaría de su pecado a los que creen en Él (ver Mateo 1:1, 18-25; Juan 1:1-14).

A la edad de 30 años, Jesús comenzó su ministerio de tres años. Durante este tiempo, Él realizó muchos actos milagrosos de sanidad y a menudo demostró su poder sobre las fuerzas de la naturaleza y el reino espiritual. En las sinagogas enseñaba en las regiones de Judea y Galilea. Jesús enseñó que Él era el único camino hacia Dios, el

Padre, y afirmó ser Dios mismo. Los líderes religiosos judíos estaban a menudo molestos con sus declaraciones y hechos, particularmente cuando Él afirmaba ser Dios. A veces Jesús atraía grandes multitudes y entablaba debates con los líderes judíos (ver *fariseos* y *saduceos*). (Ver Lucas 3:23; Juan 8:58, 14:6).

Jesús a menudo comunicaba sus enseñanzas a través de parábolas, que son historias sobre situaciones cotidianas que tienen importantes significados (ver *Parábolas*). También enseñó a través de sermones. El Sermón del Monte, que se encuentra en Mateo 5—7, es uno de los más famosos de Jesús. En este discurso, Jesús...

- refuta las malas interpretaciones de las Escrituras hebreas y señala lo que realmente significan;

- enseña que debemos amar a nuestros enemigos y orar por los que nos persiguen;

- da a sus seguidores un ejemplo de cómo orar en lo que popularmente se conoce como el Padrenuestro; y

- nos instruye a hacer a otros lo que queremos que otros nos hagan, lo que a menudo se conoce como la Regla de Oro (ver Mateo 5:44; 6:9-13; 7:12).

Algo vital que Jesús hizo fue discipular (ver *Discípulos, Doce*). Él escogió a 12 hombres para que lo acompañaran y estuvieran con Él, para observarlo, para dialogar con Él y para servir a otros. Antes de su ascensión al cielo, Jesús dejó lo que hoy se conoce como la Gran Comisión y envió a sus discípulos al mundo en su lugar para hacer a otros discípulos enseñándoles acerca de Él y bautizándolos (ver Mateo 10:1-4, 28:19-20).

Jesús siempre supo que iba a morir, de hecho, les dijo a sus discípulos desde el principio que esto sucedería. Ellos realmente no entendieron lo que Él quería decir hasta después de la resurrección. Los líderes religiosos tramaron un complot para matar a Jesús y, trabajando con Judas Iscariote, uno de los discípulos de Jesús, lograron arrestarlo y matarlo (ver Marcos 8:31).

Jesús predijo o insinuó su eventual resurrección (ver *Resurrección*), efectivamente, tres días después de su crucifixión, Jesús resucitó de entre los muertos, tal como dijo que lo haría. Las mujeres que habían seguido a Jesús fueron las primeras en descubrir la tumba vacía, a quienes los ángeles anunciaron su resurrección. Jesús apareció a María y a los discípulos, y a Pablo más tarde; se registra que Jesús apareció a más de 500 personas. Pablo predicó que si Cristo no hubiera sido resucitado, nuestra fe sería "vana" (ver 1 Corintios 15:6, 14).

Profecías clave que Jesús cumplió en su primera venida

	Profecía del Antiguo Testamento	Profecía del Nuevo Testamento
Nacimiento en Belén	Miqueas 5:2	Mateo 2:1-6
Nacimiento virginal	Isaías 7:14	Lucas 1:26-38
Entrada triunfante en Jerusalén	Zacarías 9:9	Juan 12:12-16
Traicionado por uno de los suyos	Salmos 41:9	Lucas 22:19-23, 47-48
Guardó silencio cuando era acusado	Isaías 53:7	Mateo 27:12-14
Golpeado y escupido	Isaías 50:6	Mateo 26:67
Muerte en la cruz	Zacarías 12:10	Juan 19:18, 37
Surgiría y conquistaría a la muerte	Salmos 16:10	Mateo 28:7-10

Un vistazo a la vida y ministerio de Jesús

4 a.C.	Nacimiento en Belén	Mateo 2:1
26 d.C.	Bautismo y comienzo de su ministerio	Mateo 3:13-17
27 d.C.	Primera Pascua	Juan 2:13
28 d.C.	Segunda Pascua	Juan 5:1
29 d.C.	Tercera Pascua	Juan 6:4
30 d.C.	Cuarta Pascua (la Última Cena)	Juan 12:1-12
	Crucifixión	Lucas 23:26-49
	Resurrección	Juan 20:1-18
	Ascensión	Hechos 1:9-11

Una lección de Jesús para la vida

Impactando el mundo

¿Cómo fue posible que Jesús tuviera un impacto tan trascendente en el mundo cuando vivió solamente 33 años y enseñó durante tres cortos años en una pequeña área del mundo, un área que mide solo 71 kilómetros de largo y 40 kilómetros de ancho? ¿La respuesta? Discipulado. Jesús tomó un pequeño grupo de 12 hombres comunes y en tres años los entrenó y convirtió en una fuerza que sacudió las bases mismas del mundo. Fueron fortalecidos por el Espíritu de Dios, tomaron el mensaje de la resurrección de Jesús, así como su ofrecimiento de perdón de pecados y lo llevaron hasta los confines de la tierra.

¿Quieres impactar el mundo? El discipulado debe ser clave en tu vida también. Primero, sé su discípulo, asegúrate de que su mensaje y conducta tomen el control de tu vida. Síguelo sin vacilar, extiende su perdón a los demás, vive de una manera que atraiga a otros a Él. Procura estar listo y disponible para pasar tiempo con otros que también desean ser discípulos de Jesús. Dondequiera que vivas y trabajes, puedes tener un gran impacto. Habla del Señor, invita a otros a la iglesia, pasa tiempo y construye amistades, enseña a aquellos que quieran aprender más, y ayúdalos con sus ministerios.

Oración para hacer

Señor, por favor, empodérame como lo hiciste con tus primeros discípulos para que yo también pueda sacudir los fundamentos de mi mundo. Amén.

¿Quién es Jesús?
Los Siete "Yo soy" de Jesús

Yo soy el pan de vida . . . . .Juan 6:35, 48

Yo soy la luz del mundo . . . . Juan 8:12; 9:5

Yo soy la puerta . . . . Juan 10:7, 9

Yo soy el buen pastor . . . . Juan 10:11, 14

Yo soy la resurrección y la vida . . . . Juan 11:25

Yo soy el camino, la verdad, y la vida . . . . Juan 14:6

Yo soy la vid verdadera . . . . Juan 15:1, 5

Job

Job vivió en la tierra de Uz y fue descrito por Dios como perfecto y recto, que temía a Dios y evitaba el mal. Tenía siete hijos, tres hijas, y era extremadamente rico y muy fiel a Dios (ver Job 1:1).

Un día Satanás vino ante Dios y acusó a Job de ser recto y rico debido a la bondad y las bendiciones que recibía de Dios. Ante estas acusaciones, Dios respondió que su siervo Job era justo y que no había nadie en la tierra como él. Entonces Satanás afirmó que Job se alejaría de Dios y lo maldeciría si Él le quitaba todo lo que tenía. Dios permitió que Satanás hiciera lo que él quería con Job, y así perdió a todos sus hijos, como también a sus siervos y ganado. Con todo esto Job todavía alababa y bendecía a Dios. Satanás intentó de nuevo hacer pecar a Job, para que maldijera a Dios, golpeándolo con una sarna maligna. Sorprendentemente, Job respondió positivamente a esto también, incluso cuando su esposa trató de hacerle maldecir a Dios (ver Job 1:6, 8, 11, 21).

Además de las acusaciones que Satanás trajo contra Job, tres de sus amigos lo acusaron de haber hecho algo malo y de haber sido castigado por Dios. Pero Dios mismo regañó a los amigos de Job y respondió a sus falsas acusaciones. Ante todas las incriminaciones, Job demostró ser genuinamente justo y fiel, hasta que finalmente Dios lo bendijo aún más que antes (ver Job 42:12-16. Para conocer más sobre la historia de Job, lee el libro de Job, especialmente los capítulos 1 y 42).

Una lección de Job para la vida

Sufrimiento para la gloria de Dios

El sufrimiento es parte de la vida. Desde que Adán y Eva introdujeron el pecado en el mundo, las pruebas, el trauma, la tragedia y la tribulación se han convertido en realidades familiares y cotidianas. Pero, al igual que Job, puedes hacer del sufrimiento un medio para glorificar a Dios. Cuando los tiempos difíciles aparezcan a tu puerta, permanece fiel a Dios. Sigue amándole, sirviéndole y confiando en Él. Como Job, permanece inquebrantable en tu caminar con Dios. Haz lo que es correcto. Alaba a Dios con tus labios. Humíllate ante Él. Cree que Él está en control constante... no importa qué es lo que esté pasando. Al permanecer fiel en tu sufrimiento, Dios es honrado y glorificado.

> "Amados, no os sorprendáis del fuego de prueba que os ha sobrevenido, como si alguna cosa extraña os aconteciese, sino gozaos por cuanto sois participantes de los padecimientos de Cristo, para que también en la revelación de su gloria os gocéis con gran alegría"
>
> (1 Pedro 4:12-13).

Jonás

Jonás es el nombre de un profeta de Dios, y también es uno de los libros de la Biblia que nos cuenta la historia de este personaje. Este libro pone de relieve el amor de Dios, cuando envía al profeta Jonás a Nínive para advertir a la gente de allí de que vendría un juicio. Pero Jonás subió a un barco y huyó a Tarsis, que estaba en dirección opuesta a Nínive. Mientras navegaba hacia Tarsis, el barco que llevaba a Jonás se encontró con una terrible tormenta, y el barco estaba a punto de hundirse. Los marineros se asustaron tanto que temían por sus vidas y clamaron a sus dioses. Cuando se supo que Jonás era la causa de los problemas, fue arrojado por la borda. Dios entonces envió un "gran pez", que se lo tragó, y Jonás permaneció en el vientre del pez durante tres días y tres noches. Estando en el vientre del gran pez, se arrepintió de su pecado y el pez lo escupió en tierra firme. Dios nuevamente ordenó a Jonás que fuera a Nínive y esta vez Jonás cumplió. Al llegar a la ciudad, advirtió a sus habitantes de la fatalidad inminente y el pueblo de Nínive se arrepintió, se volvió a Dios y fue perdonado (ver Jonás 1:4, 7; 3:10).

Jonás debería haber estado muy feliz, pero estaba enojado, pues él no quería que Dios perdonara a los ninivitas porque ellos habían sido un pueblo muy malvado. Mientras Jonás se protegía del sol, Dios le proveyó una planta para su sombra y luego envió un gusano para que se la comiera. Cuando Jonás ve esto, responde con ira ante la pérdida de la planta y su sombra, Dios le señaló a Jonás que había mostrado más preocupación por una planta que por las 120.000 personas que vivían en Nínive (ver Jonás 4).

────── Una lección de Jonás para la vida ──────

Aprendiendo más sobre el amor de Dios

Dios responde a las oraciones de los que le invocan.

Él salvó la vida de los marineros en la nave a Tarsis, cuando estos pidieron su misericordia.

Él salvó a Jonás cuando oró desde dentro del pez.

Él salvó a Nínive cuando el pueblo respondió a la predicación de Jonás.

Dios da segundas oportunidades.

Envió a su profeta Jonás a Nínive para dar al pueblo la oportunidad de arrepentirse y ser salvo.

Esperó pacientemente y le dio a Jonás una segunda oportunidad para servirle y salvar a otros.

Dios ama a todas las personas del mundo.

Utilizó a Jonás como una lección objetiva para demostrar su amor y compasión por toda su creación, incluso al enemigo de Israel, Asiria, de la cual Nínive era la capital.[10]

Jordán, Río

El río Jordán desciende desde el monte Hermón (2814 metros sobre el nivel del mar) en el norte de Israel, fluye a través del mar de Galilea, y termina en el sur en el Mar Muerto, viajando una distancia de 360 kilómetros. Cuando fluye hacia el Mar Muerto (o Mar Salado), el río Jordán alcanza la elevación más baja que cualquier río en la tierra, 392 metros bajo del nivel del mar. En tiempos bíblicos, el Jordán era conocido por sus orillas fértiles. Josué y el pueblo de Israel lo cruzaron para conquistar la tierra de Canaán. El río Jordán fue también el sitio de otras dos travesías famosas, Elías y Eliseo milagrosamente lo cruzaron en tierra seca. Era el río en el que Naamán se sumergió y quedó sanado de su lepra, y fue donde Juan el Bautista bautizó a Jesús. Hoy en día, el río Jordán es la frontera

---

10. Tomado de Jim George, *Guía de biografías bíblicas* (Editorial Portavoz, Grand Rapids Michigan, 2010), pp. 159-160.

entre las naciones de Israel y Jordania (ver Josué 3:15-17; 2 Reyes 2:8, 14; 5:14; Marcos 1:9).

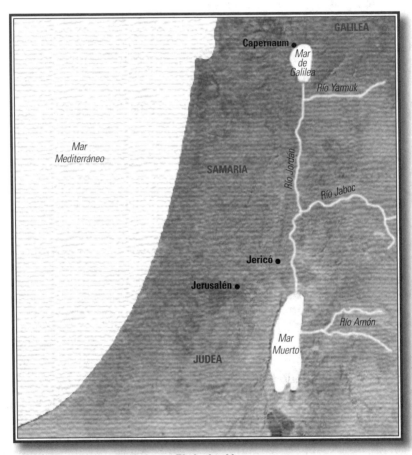

El río Jordán

Josué

Josué (cuyo nombre significa "Jehová es la salvación") fue el hijo de Nun y se menciona primero en Éxodo 17:9 como el que recibe órdenes de Moisés para organizar un ejército contra los amalecitas. Era el siervo o ayudante de Moisés, también fue uno de los 12 espías que Moisés envió a la tierra prometida para traer información sobre la tierra y su pueblo. Josué y Caleb fueron los únicos dos espías que trajeron un informe positivo. Por lo tanto, fueron los únicos, de los 12 espías, autorizados a entrar más tarde en la tierra de Canaán debido a su confianza en Dios para darles la victoria sobre los cananeos.

Después de que Moisés murió, Josué se convirtió en su sucesor y llevó al pueblo de Israel en campañas militares por toda Canaán; con el tiempo conquistó toda la tierra y la dividió entre las tribus. Antes de morir, Josué instó al pueblo de Israel a servir solamente a Dios. El pueblo respondió afirmativamente y Josué los mantuvo en su juramento. Sirvieron a Dios fielmente durante el resto de la vida de Josué.

Josué es también el nombre del libro del Antiguo Testamento que describe su liderazgo y las hazañas de los israelitas mientras ellos, junto con Dios, conquistaron una tierra y un pueblo que era más fuerte, más numeroso y que vivía en ciudades amuralladas.

Una lección de Josué para la vida

Llegar hasta el final

Josué era un fiel servidor de Moisés y, cuando llegó el tiempo, sirvió fielmente a Dios como comandante de todas las fuerzas israelitas. Él estaba comprometido en obedecer a Dios completamente, y estaba dedicado a asegurar que el pueblo siguiera a Dios todos los días de su vida. Cuando la fidelidad del pueblo vaciló, Josué lo desafió a seguir su ejemplo. Él dijo: "Yo y mi casa serviremos a Jehová" (Josué 24:15). En la Biblia no se registra una palabra negativa acerca de este siervo de Dios y de Moisés.

¿Cómo calificarías tu fidelidad tanto a tus líderes terrenales como a tu Padre celestial? El compromiso no es una carrera de velocidad,

¡es una maratón de por vida! Pídele a Dios que te dé la resistencia para llegar hasta el final en tus compromisos con tu familia, tu iglesia, tu trabajo y especialmente con tu Señor.

Juan el Bautista

Juan el Bautista (cuya historia está relatada en los cuatro Evangelios y fue predicha por dos profetas del Antiguo Testamento) era el hijo de un sacerdote llamado Zacarías y su esposa, Elisabet, que era pariente de María, la madre de Jesús. Juan era un predicador fogoso y apasionado que vestía un manto de pelo de camello, y comía langostas y miel silvestre. Su misión era preparar el camino para el Mesías, Jesús. Él pensó de sí mismo como únicamente una "voz" llamando a la gente al arrepentimiento. Cuando respondían, los bautizaba sumergiéndolos en el río Jordán, incluso bautizó a Jesús, aunque al principio se mostró reacio en hacerlo. Jesús llamó a Juan el último y más grande de los profetas. Finalmente, Juan fue decapitado a la edad de 30 años por el rey Herodes a insistencia de su esposa, Herodías. Su ministerio duró solo un año (ver Lucas 1:36; Mateo 3:1-15; 11:11; 14:6-11).

Una lección de Juan para la vida

¿Qué tan importante es un año de vida?

¿Alguna vez has pensado: *tengo mucho tiempo para…*? (puedes llenar el espacio) Bueno, ¿qué si Juan el Bautista hubiera tenido esa clase de mentalidad sobre su vida? Estoy seguro de que Juan no sabía que su ministerio duraría solo un corto año, pero se aseguró de hacer que su tiempo cuente para Dios.

¿Qué tan importante es este próximo año de tu vida? ¿Y si te dijeran que solo tienes un año más para vivir? ¿Cómo pasarías ese año? Estoy seguro de que podrías hacer algunos cambios en tu vida, ¿verdad? ¿Por qué no fijar una meta de un año, a partir de hoy? Luego analiza esa meta de lo que debes hacer mes a mes y, finalmente, lo que debes hacer hoy para que tu día, tu año y tu vida, cuenten para Dios. Haz un plan para tu vida, tus seres queridos y tus propósitos para la humanidad.

Judá, Reino de

Judá originalmente era un territorio tribal en la parte sur de la nación de Israel. Sin embargo, diez de las doce tribus de Israel se rebelaron contra el rey Roboam (el nieto de David, que era de la tribu de Judá) porque dijo que aumentaría las cargas de impuestos y el trabajo obligatorio que su padre Salomón había infligido en ellos. Solo las tribus de Judá y Benjamín permanecieron leales a la casa de David y constituyeron el reino de Judá. Siendo que Jesús vino de la línea de David, era descendiente de Judá.

El reino del norte, Israel, se estableció bajo Jeroboam, que llevó a Israel a descarriarse en la adoración de dos becerros de oro que estableció en las ciudades de Dan y Betel. Esto alentó a Israel a desobedecer a Dios y adorar en otros lugares aparte de Jerusalén.

Judío

La palabra *judío* viene de Judá, uno de los 12 hijos de Jacob (ver *Tribus de Israel, Doce*). El término *judío* (al menos en un nivel étnico) aparece primero en el Antiguo Testamento después de la deportación de los israelitas a Babilonia. Judío se convirtió en sinónimo de cualquiera que descendiera de Abraham, Isaac y Jacob o que siguiera la religión del judaísmo, término derivado también de Judá. ¿Por qué son tan importantes los judíos? Dios le dijo a Abraham que en su descendencia, o descendientes, todas las naciones de la tierra serían bendecidas. Dios escogió a Israel de entre las naciones para que naciera su Hijo, Jesús, un judío, para que la salvación pudiera llegar no solo a los judíos, sino a todos (ver 2 Reyes 25:25; Génesis 22:18).

¿Sabías que...?

A los judíos se les suele llamar "la niña del ojo de Dios" (ver Zacarías 2:8).

Jueces

Jueces es el nombre de uno de los libros históricos del Antiguo Testamento, así como el nombre de un grupo de personajes bíblicos. Después de la muerte de Josué (ver *Josué*), el pueblo de Israel rápidamente se volvió a los ídolos, provocando la ira de Dios, quién los juzgó por medio de los enemigos de Israel, que los saquearon y oprimieron. Cuando el pueblo clamaba a Dios por ayuda, Él nombraba a un juez para liberarlos de sus opresores. Pero una vez muerto el juez, el pueblo de Israel volvía a sus malos caminos. Dios entonces permitió que las naciones enemigas oprimieran a Israel nuevamente. Este ciclo de opresión y liberación se repitió varias veces (ver Jueces 2:16-23).

Los jueces *contra* **sus enemigos**

Otoniel	Los de Mesopotamia
Ehud	Los moabitas y los amonitas
Samgar	Los filisteos
Débora	Los cananeos
Gedeón	Los madianitas
Tola y Jair	El malvado de Abimelec
Jefté, Ibzán, Elón, Abdón	Los amonitas
Sansón	Los filisteos

L

Labán

Labán, un rico pastor, era hermano de Rebeca, cuñado de Isaac y tío de Jacob; también era el padre de Raquel y Lea. Labán es mejor conocido por engañar a Jacob para que este se case con su hija mayor, Lea, cuando pensaba que se estaba casando con Raquel. Al final, Jacob se casó con ambas, porque amaba a Raquel. La cualidad distintiva de Labán es negativa: manipuló, estafó y engañó a otros para su propio beneficio (para la historia de Labán, ver Génesis 27:43—31:55).

Ver *Jacob*.

Lepra

La lepra es una terrible enfermedad que hace que la piel de la víctima se deteriore al punto de no poder recuperarse, causando un daño permanente. En los tiempos bíblicos, a menudo se pensaba que la lepra era un castigo de Dios; los leprosos debían vivir fuera de las ciudades y alejarse de las personas porque eran considerados "impuros". En Levítico 13—14 se dan instrucciones específicas sobre el tratamiento de los leprosos. Jesús sanó a leprosos durante su ministerio terrenal (ver Levítico 13:46; Mateo 8:2-4; Lucas 17:11-19).

Levitas

Los levitas, que eran de la tribu israelita de Leví, eran los ayudantes de los sacerdotes, quienes eran descendientes directos de Aarón, el hermano de Moisés, que también era de la tribu de Leví (ver *Aarón*). Tenían deberes específicos en relación con el cuidado del tabernáculo y, más tarde, el templo. El libro de Levítico lleva el nombre de los levitas porque en él dan de las instrucciones para que estos cumplan sus funciones.

Ley de Moisés

La ley de Moisés, o *Torá*, se refiere específicamente a los cinco primeros libros del Antiguo Testamento. La Torá es la instrucción específica de Dios para su pueblo, Israel. La ley de Moisés es muy amplia, desde los Diez Mandamientos hasta qué se debe vestir y qué se debe comer. Todo lo espiritual, así como lo social y físico, fue incluido en esta ley. Para el tiempo de Jesús, los judíos habían añadido a la ley un elaborado sistema de qué hacer y qué no hacer, que se usaba para determinar la posición de una persona con respecto a Dios. Sin embargo, la ley, incluyendo los Diez Mandamientos, no era un instrumento de salvación. Más bien, estaba destinada a señalar el pecado y la necesidad de un Salvador, Jesucristo el Señor.

Lot

Cuando Dios llamó a Abram para que dejara su tierra natal y se fuera a la tierra de Canaán, este tomó a su sobrino Lot junto con el resto de su familia. Debido a que Abram y Lot tenían muchos rebaños, manadas y tiendas, y la nueva tierra no los podía sostener a los dos, se presentaron conflictos entre sus pastores. Abram no quería que esta discordia continuara entre él y su sobrino, así que le permitió a Lot escoger la porción de tierra que él quisiera, mientras que Abram tomó el resto. Lot se estableció en la llanura del Jordán y fue poniendo sus tiendas hasta Sodoma, y Abram se quedó en Canaán. Más tarde, debido a una guerra, Lot fue tomado cautivo y Abram lo rescató. Algún tiempo después, un conflicto con los hombres de Sodoma y la anunciada destrucción de esta ciudad por el poder de Dios obligó a Lot y a su familia a marcharse. A la familia se le advirtió que no mirara hacia atrás, pero la esposa de Lot lo hizo y se convirtió en una estatua de sal. Lo último que oímos de Lot es que sus propias hijas lo deshonraron con el propósito de preservar su línea familiar (para la historia de Lot, ver Génesis 12—19).

Una lección de Lot para la vida

Cómo no tomar una decisión

Lot y Abram tuvieron un gran problema, ambos habían prosperado y poseían muchas ovejas, vacas y otros animales. En un esfuerzo por reducir el conflicto entre estos dos grupos, Abram ofreció una solución: "Lot, mira a tu alrededor y luego elije una dirección. Entonces voy a ir en la dirección opuesta". Lot hizo lo que la mayoría de la gente hace: eligió lo que parecía bueno. Eligió el exuberante y verde valle del Jordán. El único problema era que las dos ciudades más perversas y pecaminosas de ese día, Sodoma y Gomorra, también estaban ubicadas en ese valle. Esta decisión finalmente le costó a Lot sus posesiones, su esposa y la moral de sus hijas, un precio muy caro por la decisión de elegir lo que aparentemente parecía mejor.

¿Qué hay de ti? ¿Qué pautas te ayudan a configurar tu proceso de toma de decisiones? ¿Tus elecciones están basadas en lo que se ve bien o lo que es bueno? ¿Oras antes de tomar decisiones, o las haces sin pedir consejo a Dios o a gente piadosa? Cada decisión es importante. ¡No dejes de incluir a Dios en tu toma de decisiones!

M

Magdalena, María

María Magdalena se llamaba así, porque era de la ciudad de Magdala, que probablemente estaba en la orilla del mar de Galilea. Aunque no hay mucha información de ella, sí sabemos que fue una de las seguidoras de Jesús de la que habían salido siete demonios. Era también una de las mujeres que estuvieron en la tumba vacía de Jesús. El Evangelio de Juan es el único que registra su encuentro con el Jesús resucitado, a quien al principio confundió con el hortelano. Le suplicó al hombre que le dijera dónde había puesto a Jesús para que pudiera llevárselo. En ese momento, Jesús simplemente le dijo: "¡María!". Eso fue suficiente para que ella reconociera a Jesús, quien le advirtió que no se aferrara a Él porque pronto regresaría al Padre (ver Lucas 8:2; Juan 20).

Una lección de María Magdalena para la vida

Compartiendo con otros

Una buena manera de compartir tu historia espiritual con otros es describiendo tu vida antes de conocer a Cristo, cómo conociste a Cristo y cómo tu vida ha cambiado desde entonces. Así es como la historia o testimonio de María Magdalena se hizo realidad:

Antes de conocer a Cristo. María Magdalena estaba poseída por siete demonios o espíritus malignos.

Cómo conoció a Cristo. No sabemos cuándo ni dónde, pero Jesús liberó a María Magdalena de los demonios.

Cómo cambió su vida después de conocer a Cristo. María Magdalena se convirtió en una devota seguidora de Jesús, dando y compartiendo su dinero, posesiones y tiempo para apoyarlo a Él y su ministerio. Fue esta completa entrega la que la motivó a quedarse con su Salvador en la crucifixión e ir a su tumba en la primera oportunidad después de que fuera sepultado.

¿Has conocido a Cristo? Tal vez hoy sea el día de salvación para ti, el día en que reconozcas tu pecado y necesidad de un Salvador, y deposites tu confianza en Jesús. Y si tú te has convertido en un hijo de Dios a través de Cristo, recuerda los detalles asombrosos de ese maravilloso día. Luego pasa tiempo relatando tu crecimiento espiritual y los maravillosos cambios que Él ha orquestado por su gracia en tu vida. Asegúrate de contar tu historia a los demás. ¡Compártela con tantos como puedas! Es demasiado buena como para guardártela para ti mismo.

Mar Rojo

El Mar Rojo (o Mar de las Cañas) es un gran cuerpo de agua entre la península Arábiga y Egipto. Durante el éxodo, cuando los israelitas salieron de Egipto, Dios hizo que las aguas del Mar Rojo se separaran, permitiendo que Moisés y el pueblo de Israel caminaran por tierra seca. Luego hizo que las aguas cubrieran a los soldados egipcios que perseguían a los israelitas, matándolos a todos (ver *Éxodo*), (ver Éxodo 14:13-31).

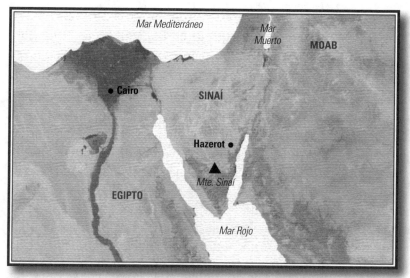

Mar Rojo

Mardoqueo

Mardoqueo era el primo de Ester (ver *Ester*), quien la crió como su propia hija después de que sus padres murieran. Después de que Ester se convirtió en reina de Persia, Mardoqueo oyó hablar de un complot de un hombre llamado Amán (el primer ministro del reino) para matar y exterminar a todos los judíos. A través de una serie de acontecimientos Mardoqueo, con la ayuda de Ester, la reina, frustró el complot. Finalmente, Amán fue ejecutado, se permitió a los judíos defenderse y Mardoqueo se convirtió en el primer ministro en el lugar de Amán (para la historia de Mardoqueo, ver el libro de Ester).

Una lección de Mardoqueo para la vida

Sé una influencia positiva

Mardoqueo fue una influencia positiva a lo largo de su vida y en todo un reino. Influenció positivamente a su prima más joven, Ester, dándole su sabio consejo. Fue un instrumento en el derrocamiento de un hombre mal intencionado que deseaba aniquilar a todo el pueblo de Dios. Las últimas palabras de Dios con respecto a este hombre fiel registran cómo trabajó para el bien de los demás, alentó a otros en todo el reino y representó el bienestar de los judíos en la corte real.

¿Es tu objetivo marcar una diferencia positiva en la vida de los demás, aquellos a quienes Dios ha puesto en tu vida? Tú puedes hacerlo. Usa tu posición, posesiones y oportunidades que Dios te ha dado para ayudar a otros hoy y todos los días.

María, madre de Jesús

María, una adolescente judía que vivía en Nazaret, estaba comprometida para casarse con un hombre llamado José. Fue esta muchacha virgen a quien Dios escogió para dar a luz a su Hijo, Jesús, quien salvaría al mundo de sus pecados.

¡María nunca esperó ser la elegida para traer al Mesías! El ángel Gabriel se le apareció un día y le dijo que ella había encontrado el favor de Dios y que concebiría a un niño y daría a luz un Hijo que se llamaría Jesús. Este niño es el que sería llamado el Hijo del Altísimo; Dios le daría el trono de su padre David; reinaría sobre la casa de Jacob para siempre, y su reino no tendría fin. Después de que María le preguntó cómo podía pasarle algo así siendo que ella era virgen, Gabriel le explicó que el Espíritu Santo vendría sobre ella y que el poder del Altísimo la cubriría. En otras palabras, sería un milagro (ver Lucas 1:30-35).

Cuando José se dio cuenta de que María estaba embarazada, decidió no avergonzarla públicamente (pensando, comprensiblemente, que le había sido infiel). En vez de eso, planeó separarse en silencio y privadamente. Pero un ángel vino a él en un sueño y le dijo que siguiera adelante y tomara a María como su esposa, explicándole que el niño que esperaba María fue concebido del Espíritu Santo. El ángel le explicó que María daría a luz a un Hijo y que sería llamado *Jesús* (que significa "Dios salva"), porque Él salvaría a su pueblo de sus pecados. Así que José mantuvo a María virgen hasta que ella dio a luz a Jesús en Belén, donde habían ido a causa de un censo del gobierno, que requería que las personas se registraran en la ciudad de su nacimiento. Colocaron al recién nacido Jesús en un pesebre porque no había lugar para ellos en el mesón local. Después de que los pastores visitaron a Jesús y compartieron lo que habían oído acerca del niño, María guardó todas estas cosas meditándolas en su corazón (ver Mateo 1:20-21; Lucas 2:7, 19).

Durante 33 años, María vio y testificó acerca de Jesús, el Hijo de Dios, que nació y creció hasta ser un maestro de la verdad y el sacrificio perfecto por los pecados del mundo. Al final, cuando estaba colgado en la cruz, Jesús confió en Juan, el discípulo amado, para el cuidado de su madre. Después de la ascensión de Jesús al cielo, María estaba entre los que oraban continuamente en el aposento alto. Ella fue el único ser humano que estuvo con Jesús desde el nacimiento hasta la muerte (ver Juan 19:26-27; Hechos 1:14).

> "Soy la sierva del Señor. Que se cumpla todo
> lo que has dicho acerca de mí".
>
> —MARÍA, LA MADRE DE JESÚS (LUCAS 1:38, NTV)

Un retrato de la vida de María

M — magnificó al Señor en una alabanza verbal (Lucas 1:46-55).

A — aceptó a Dios como su Salvador (Lucas 1:47).

R — recordó todo lo que le sucedió a ella y a su Hijo (Lucas 2:19).

Í — insistió en que se hiciera lo que Jesús dijera (Juan 2:5).

A — ansiaba obedecer a Dios, no importando en qué (Lucas 1:38).

Matrimonio

El primer "matrimonio" en la Biblia se menciona en Génesis 2:24, cuando Dios creó al hombre Adán y a la mujer Eva y los juntó para formar una unidad. Sus instrucciones a la primera pareja fueron que se convirtieran en una sola carne. Aunque la Biblia menciona las costumbres del Medio Oriente relacionadas con el matrimonio, también proporciona principios universales para todas las personas.

En los tiempos bíblicos, era común que el padre organizara el matrimonio para su hijo. En los matrimonios judíos tradicionales, el novio y la novia disfrutarían de una fiesta de bodas de una semana en la casa de los padres del novio. Los padres bendecirían a la novia y al novio, y ofrecerían una prueba de la virginidad de la novia. Si una niña judía prometida para casarse no era virgen, podía ser apedreada hasta la muerte.

Hay muchas cosas escritas en la Biblia acerca del matrimonio. Estos son algunos hechos adicionales:

▶ Dios creó el matrimonio entre dos personas: un hombre y una mujer.

▶ Uno de los Diez Mandamientos prohíbe el adulterio.

▶ Se espera que los líderes de la iglesia den un ejemplo al ser esposos de una sola esposa.

▶ La Escritura ordena que el esposo ame a su esposa, y que la esposa ame y se someta a su esposo.

▶ Ni el esposo ni la esposa tienen autoridad sobre su cuerpo: son mutuamente responsables entre sí.

▶ El matrimonio es una ilustración de la unión de Cristo con la iglesia.[11]

---

11. Ver Génesis 2:24; Éxodo 20:14; 1 Timoteo 3:2, 12; Colosenses 3:18-19; Tito 2:4; 1 Corintios 7:3-4; Efesios 5:23-32.

Mesías

Ver *Ungido, El.*

Milagros de la Biblia

Un milagro es un evento en el que una fuerza natural es contrarrestada por una fuerza sobrenatural. Como dicen algunos, es "cosa de Dios". A través de la Biblia, los milagros tenían tres propósitos: glorificar a Dios, confirmar el mensaje de Dios y satisfacer las necesidades humanas. Vemos una variedad de milagros registrados en la Biblia. Profetas como Moisés, Elías y Eliseo hicieron milagros que fueron empoderados por Dios. Estos milagros incluyeron la división del Mar Rojo, curación de la lepra, resurrección de los muertos y más. Jesús realizó muchos milagros, como resucitar a Lázaro de entre los muertos, expulsar demonios, caminar sobre el agua, curar a gente de diversas enfermedades, convertir el agua en vino, alimentar a miles de personas con muy poco alimento y más, incluyendo su propia resurrección de entre los muertos. Sus milagros demostraron que Él tenía el control soberano sobre los reinos sobrenatural, físico y espiritual.

Moisés

Moisés recibió su nombre (que significa "extraído o sacado") de la hija del faraón, quien le dio este nombre porque literalmente lo sacó de una canasta que estaba flotando en las aguas del río Nilo. Moisés fue elegido por Dios para guiar al pueblo de Israel desde la tierra de Egipto hasta la tierra de Canaán, o Tierra Prometida. La vida de Moisés se puede dividir en tres períodos de tiempo:

Los primeros 40 años de Moisés, en Egipto. Moisés fue hijo de Amram y Jocabed, descendientes de la tribu de Leví. Debido a un decreto del faraón egipcio de que todos los bebés hebreos debían ser exterminados, la madre de Moisés lo puso en una arquilla de juncos y la colocó en el carrizal a la orilla del Nilo para ocultarlo. La hermana mayor de Moisés, María, estuvo a cierta distancia para ver qué le sucedía. Cuando la hija de Faraón vino a bañarse en el Nilo, vio la cesta y ordenó a una criada que la recuperara. Mirando al niño, sintió compasión por él y se dio cuenta de que era uno de los hijos de los hebreos. María preguntó a la hija del faraón si podía obtener una nodriza de entre los hebreos para el niño, y la hija del faraón estuvo de acuerdo. De esta manera, Dios hizo posible que la madre de Moisés lo amamantara hasta que él tuviera edad suficiente para vivir como el hijo de la hija del faraón. Mientras estaba en el palacio, Moisés recibió la mejor educación posible (ver Éxodo 2:1-10; 6:20).

Cuando Moisés era un hombre adulto, un día salió a ver cómo trabajaban sus hermanos hebreos, y notó que un egipcio golpeaba a uno de ellos. Él comprobó que nadie estuviera observando, mató al egipcio y lo ocultó en la arena. Más tarde, un esclavo hebreo le dijo a Moisés que sabía del asesinato del egipcio y Moisés se asustó. Al escuchar el faraón lo que había sucedido quiso matar a Moisés, entonces, este huyó a Madián.

Los siguientes 40 años de Moisés, en Madián. Moisés permaneció como pastor en el desierto durante 40 años. Allí tomó como esposa a una mujer llamada Séfora, ellos tuvieron dos hijos, Gersón y Eliezer. Después de 40 años, Dios habló a Moisés desde una zarza ardiente y le dijo que regresara a Egipto.

Los siguientes 40 años de Moisés, en el desierto. Dios llamó a Moisés para liberar al pueblo hebreo. Después de la renuncia inicial, Moisés, con la ayuda de su hermano Aarón, regresó a Egipto para enfrentarse a Faraón, que estaba oprimiendo a los hijos de Israel como esclavos. Dios endureció el corazón del faraón, y envió diez plagas antes de que el faraón dejara ir al pueblo de Israel. Moisés condujo triunfalmente a los israelitas al salir de Egipto, pero pronto el faraón cambió de opinión y los persiguió, aparentemente quería atraparlos en el Mar Rojo. Dios hizo que las aguas del Mar Rojo se dividieran, y Moisés y el pueblo de Israel cruzaron con éxito. Cuando el ejército egipcio los siguió, las aguas volvieron a su lugar y ahogaron a los egipcios.

Durante el viaje de los israelitas por el desierto, Dios le dio a Moisés los Diez Mandamientos. A lo largo del camino, Moisés tuvo que tratar continuamente con un pueblo "duro de cerviz" y desobediente. Al llegar a la Tierra Prometida, debían conquistarla, pero el pueblo no confió en Dios y temió a la gente de esa tierra, debido a su gran tamaño. Dios castigó a los israelitas y los condenó a vagar por el desierto durante 40 años. Durante la peregrinación, la generación desobediente de los israelitas murió, dejando una nueva generación para entrar en la tierra (junto con Josué y Caleb, que habían aconsejado al pueblo no tener miedo de los habitantes de Canaán).

A Moisés tampoco se le permitió entrar en la Tierra Prometida a causa de un incidente en el que Dios le dijo que le hablara a una roca para obtener agua para el pueblo, pero Moisés desobedeció a Dios y golpeó a la roca. Pero Dios le permitió ver la Tierra Prometida desde la cima del Monte Nebo antes de morir (ver Deuteronomio 34).

Una lección de Moisés para la vida

Llegando lejos

Moisés estaba lejos de ser perfecto y no siempre obedecía a Dios. Pero Dios fue paciente con él y lo usó poderosamente para comunicar su mensaje a Faraón y a Israel, aunque Moisés afirmó que no era un comunicador capacitado. El libro de Deuteronomio termina con un elogio para Moisés, testificando que nunca hubo otro profeta como él en Israel (ver Éxodo 4:10; Deuteronomio 34:10-12).

Al final, cuando todo está dicho y hecho, lo que es importante en tu vida es la fidelidad. No es cómo empiezas, sino cómo acabas lo que cuenta. Todo el mundo tropieza, rechaza, vacila, falla y se siente incompetente en un momento u otro. Pero lo que importa es llegar lejos, continuar siguiendo a Dios, tratar de completar la obra que Él te da, confiando en su poder, su fuerza y su gracia para llegar a la meta.

Monte de los Olivos

El monte de los Olivos es un importante lugar geográfico en Israel. Según Zacarías 14:4, cuando Cristo regrese para establecer su reino terrenal, sus pies se posarán en el monte de los Olivos, y Él se convertirá en rey sobre toda la tierra. Fue también en el monte de los Olivos que Jesús dio su famoso discurso en el que habló sobre la destrucción del templo en Jerusalén y lo que ocurriría en los últimos días.

Jesús y sus discípulos iban regularmente al monte de los Olivos, y allí fueron poco antes de que fuera traicionado. Fue en el jardín de Getsemaní (que está en el monte de los Olivos) que Jesús oró, fue traicionado por Judas, arrestado por soldados y llevado a enfrentar un juicio injusto antes de su crucifixión (ver Mateo 24—25; 26:36-57).

Música de la Biblia

A través de toda la Biblia, la música es un elemento clave en la adoración y la alabanza. La primera mención de la música está en

Génesis 4:21, y hace referencia a dos instrumentos musicales: la lira (un arpa en forma de U) y la flauta (un instrumento común de viento). A continuación, se presenta una lista de algunos de los instrumentos musicales usados en los tiempos bíblicos.

▶ El *cuerno de carnero* era un cuerno curvado usado durante prácticas de adoración judía. Se menciona con frecuencia en toda la Biblia hebrea. Este instrumento emite un fuerte sonido explosivo.

▶ La *lira* (o arpa) era un instrumento de cuerda común en el mundo antiguo. Es el instrumento que David tocaba para calmar al rey Saúl.

▶ La *flauta* era un instrumento de viento común en el mundo antiguo.

▶ El *trigonon* era una lira triangular.

▶ El *salterio* era un arpa en forma de botella. Destinado a acompañar cuando se cantaba, se usaba con frecuencia en la adoración (ver Génesis 4:21; Éxodo 19:13, 16; 1 Samuel 16:23).

Una lección de adoración

Ofrece un sonido alegre al Señor

La Biblia está llena de música, y los salmos abundan con alegres alabanzas que involucran música. La música es una herramienta maravillosa para ser usada para adorar a Dios. También puedes elevar tu voz como un instrumento de adoración. Los salmos declaran: "Cantaré salmos a mi Dios mientras viva… Cantad a Jehová con alabanza… Cantad a Jehová cántico nuevo… Con pandero y arpa a él canten" (Salmos 146:2; 147:7; 149:1, 3).

¡Que todo lo que respira alabe al Señor!

Salmos 150:3-6 (NVI)

Alábenlo con sonido de trompeta,
alábenlo con el arpa y la lira.
Alábenlo con panderos y danzas,
alábenlo con cuerdas y flautas.
Alábenlo con címbalos sonoros,
alábenlo con címbalos resonantes.
¡Que todo lo que respira alabe al SEÑOR!
¡Aleluya! ¡Alabado sea el SEÑOR!

N

Nabucodonosor

Nabucodonosor es considerado el más grande de los reyes babilonios. En 605, 597 y 586 a.C., el rey Nabucodonosor llevó a un gran número de personas de Judá al cautiverio. Nabucodonosor era muy conocido por sus muchos proyectos de construcción que hicieron famosa a Babilonia. Incluso llegó a construir una gigantesca imagen de oro y ordenó a sus funcionarios de gobierno de todos los pueblos conquistados que se reunieran y se inclinaran ante él. Sadrac, Mesac y Abed-nego, todos amigos de Daniel (ver *Daniel*), se negaron a inclinarse ante la estatua de Nabucodonosor, quien los hizo arrojar a un horno ardiente. Pero ellos no fueron dañados (ver Daniel 3).

El rey Nabucodonosor tuvo sueños, que solo Daniel pudo interpretar. En cuanto al primer sueño, Daniel le explicó a Nabucodonosor acerca de los reinos poderosos que estaban por venir. Sobre el segundo sueño, Daniel le dijo a Nabucodonosor que Dios había decretado que el rey viviría como y con las bestias del campo, lo que realmente le sucedió hasta que reconoció la supremacía de Dios sobre su reino finito. Sea lo que fuere, está claro en el texto que Dios estaba humillando a Nabucodonosor (ver el libro de Daniel).

Una lección de Nabucodonosor para la vida

¿Quién está en control?

Nabucodonosor era un poderoso rey que conquistó a muchos pueblos e hizo increíbles proyectos de construcción, incluyendo los jardines colgantes que se consideran una de las siete maravillas del mundo antiguo. Sin embargo, tenía un serio defecto: ¡Todo era orgullo y cero humildad! Nabucodonosor creía que todo lo que tenía era el resultado de su propio poder y habilidad. Nunca consideró a Dios en ninguna de sus ideas. Fue solo después de un encuentro con Dios que Nabucodonosor finalmente reconoció el control soberano de Él sobre todas las cosas.

¿Crees que tienes el control de tu vida y de tu agenda? Si es así, aprende una lección de Nabucodonosor. Una vez que fue humillado por Dios a causa de su orgullo y arrogancia, reconoció que Dios "hace según su voluntad… en los habitantes de la tierra, y no hay quien detenga su mano" (Daniel 4:35). Debes reconocer el control de Dios cuando oras acerca de tus planes. Busca su voluntad en todas tus actividades, incluso en las cosas más pequeñas. Pide su sabiduría en el uso de tu tiempo y talentos. ¡Reconociendo a Dios lo glorificas!

Nacimiento virginal

La Biblia relata que el nacimiento de Jesús ocurrió de la manera siguiente: Después de que su madre María se comprometió con José y antes de que se unieran físicamente en matrimonio, se encontró que "había concebido del Espíritu Santo". En otras palabras, José era simplemente el padre adoptivo de Jesús; ya que el Espíritu Santo fue el responsable de la concepción de Jesús. Mateo escribió que era el cumplimiento de la profecía bíblica, citando a Isaías 7:14: "He aquí que la virgen concebirá, y dará a luz un hijo, y llamará su nombre Emanuel". Varios cientos de años después de la profecía de Isaías, Jesús nació de una virgen (Mateo 1:18, 23).

Importancia del nacimiento virginal

El nacimiento virginal es importante porque Emanuel, "Dios con nosotros", es la persona de Jesucristo, quien es Dios en la carne y, literalmente, "Dios con nosotros". Si Jesús hubiera nacido de un hombre y una mujer de la manera natural, no habría sido más especial que los muchos profetas humanos en el Antiguo Testamento. Solo un sacrificio infinito podría expiar el pecado infinito. El nacimiento virginal proveyó a la persona más especial de todas, el Dios-hombre, Jesús, como ese sacrificio.

Nehemías

Es el nombre de un libro del Antiguo Testamento que cuenta las aventuras de Nehemías, un judío copero del rey de Persia. Nehemías condujo a un pequeño grupo de personas desde Babilonia de regreso a Jerusalén, con el propósito de reconstruir los muros de la ciudad. Su autobiografía describe la gran oposición que él y sus hombres sufrieron por parte de los judíos dentro de la ciudad y de las fuerzas hostiles que la rodeaban. Sin embargo, Nehemías y sus ayudantes fueron capaces de terminar de reconstruir las murallas de la ciudad en ¡tan solo 52 días! ¿Cómo se logró esta extraordinaria hazaña? La historia nos revela que Nehemías era altamente dependiente de la ayuda de Dios. Oraba cuando estaba desanimado, cuando estaba bajo ataque y cuando se sentía débil y sin fuerzas. Esta estrecha relación con Dios, combinada con su liderazgo y habilidades de organización, lo convirtieron en un servidor del Señor muy eficaz en un momento en que los judíos necesitaban desesperadamente un héroe.

Una lección de Nehemías para la vida

Cristianismo contagioso

Desde el día en que Nehemías comprendió su papel en el plan de Dios para la gente en Jerusalén, su confianza en la provisión y protección divina era inquebrantable. Su confianza en Dios era contagiosa, y el pueblo respondió a esa fe en Dios e hizo su parte para reconstruir el muro. ¡La finalización del muro fue un esfuerzo de grupo!

¿Cuán visible y ferviente es tu fe? Pídele a Dios, como lo hizo Nehemías, que te dé el valor y la fuerza para vivir tu fe e inspirar a otros a unirse contigo y servir a Cristo.

Nilo, Río

El río Nilo está formado por dos ríos, el Nilo Azul y el Nilo Blanco, que se combinan para formar el río más largo del mundo. El Nilo Blanco nace a 1130 metros de altura en el lago Victoria, en la actual Uganda, y el Nilo Azul proviene del lago Tana, en Etiopía. Los dos ríos se juntan cerca de la capital sudanesa, Jartum; el Nilo fluye cuesta abajo hasta llegar al mar Mediterráneo a nivel del mar, después de un viaje de 6730 kilómetros. Con sus depósitos de tierra fértil, el Nilo ha sido durante mucho tiempo un recurso agrícola importante para Egipto. Debido a sus propiedades de renovar la vida, los antiguos egipcios adoraban a Hapi, el dios del Nilo. Cuando el Dios de la Biblia convirtió al Nilo en sangre durante la primera de las diez plagas, mostró su poder sobre esta importante pero falsa deidad egipcia (ver Éxodo 7:20-21).

Nínive

Nínive, la capital del Imperio asirio, fue construida por Nimrod, un descendiente de Noé. En un momento dado Dios iba a destruir esta vasta ciudad, que tomaba tres días para recorrerla y tenía una población de más de 600.000 personas. Dios envió al profeta Jonás para advertir al pueblo de su inminente condenación y su necesidad de arrepentirse de sus pecados (ver *Jonás*). Cuando el pueblo se arrepintió, Dios tuvo compasión de él y lo libró. Pero evidentemente el arrepentimiento de Nínive no duró, ya que alrededor de 150 años más tarde, en el 612 a.C., Dios dejó que la ciudad fuera destruida por los babilonios y los medos (ver Génesis 10:11; Jonás 3:3, 4:11).[12]

Noé

Noé vivió en un tiempo de terrible maldad en la tierra. Dios observó que solo Noé era justo, y por gracia lo salvó a él y a su familia de su plan para destruir la tierra. Dios le dijo a Noé que construyera un arca (ver *Diluvio*) para protegerse de la destrucción. Noé hizo lo que Dios le ordenó, y de acuerdo con sus instrucciones, puso animales en el arca (de dos en dos, macho y hembra). El diluvio vino y destruyó a todas las criaturas vivientes en la tierra. Después que el agua descendió y el arca se posó sobre el monte Ararat, a Noé y a su familia se les permitió dejar el arca. Dios colocó un arco iris en el cielo como señal de su promesa de que nunca más destruirá la tierra con un diluvio. Noé finalmente vivió hasta la edad de 950 años (para la historia de Noé, ver Génesis 5:28—10:32).

Una lección de Noé para la vida

¡El carácter cuenta!

El carácter justo de Noé se destacó ante Dios, en marcado contraste con la horrible perversidad de todos los demás que habitaban la tierra, por lo que Dios decidió proteger a Noé y a su familia del juicio, demostrando su compasión por los que son fieles a Él.

---

12. Cuando Jonás 4:11 menciona a 120.000 personas "que no saben discernir entre su mano derecha y su mano izquierda", está contando solo niños pequeños. Sobre la base de esa cifra, los estudiosos de la Biblia estiman que incluyendo adultos, había aproximadamente 600.000 personas en Nínive.

Nuevo Testamento

El Nuevo Testamento es una colección de 27 libros que nos enseñan sobre la historia y el significado de la victoria de Dios sobre el pecado y la muerte a través de Jesucristo, el Salvador de la humanidad. Los libros del Nuevo Testamento fueron escritos principalmente por algunos de los apóstoles o los medio hermanos de Jesús. Estos libros completan la historia iniciada en el Antiguo Testamento, que describe la caída de la humanidad, la elección de Dios del pueblo de Israel para representarlo entre las naciones, y también profetiza la venida del Mesías. El Nuevo Testamento revela que el Mesías, quien era el Hijo de Dios, el Salvador, el Señor Jesucristo, vino a redimir no solo a Israel sino a todas las naciones a través de su muerte y resurrección.

O

Oficios en tiempos bíblicos

A menudo pensamos en los tiempos bíblicos como un tiempo más simple, y en cierto modo así era. Pero la sociedad también funcionaba con oficios establecidos, y la gente tenía que ganarse la vida. A continuación, se presentan algunos ejemplos de oficios mencionadas en la Biblia.

Copero. Era quien probaba todas las bebidas antes de servírselas al rey. Nehemías era copero del rey Artajerjes. El trabajo era peligroso, porque si la bebida estaba envenenada, el copero podría morir. Por lo tanto, un copero era considerado como uno de los hombres más importantes y de mucha confianza en la corte del rey (ver Nehemías 1:11).

Escudero. El trabajo de esta persona era similar al de un *caddie* de golf. Así como este lleva los palos a un golfista, un escudero llevaba las armas de su comandante, también mataba a los enemigos que el comandante había herido y dejado tras de sí.

Fabricante de tiendas de campaña. La fabricación de tiendas de campaña es un comercio antiguo, y las tiendas de campaña generalmente se hacían con una larga pieza de tejido de pelo de cabra. Pablo, Aquila y Priscilla eran fabricantes de tiendas en el Nuevo Testamento (ver Hechos 18:2-3).

Partera. Era la persona que ayudaba a otras mujeres en el proceso de dar a luz a sus hijos.

Pescador. Varios de los discípulos de Jesús eran pescadores profesionales. Su ocupación era respetada, pues satisfacía la necesidad de alimentos a la gente. La pesca, que demandaba un trabajo duro, a veces podía ser infructuosa y requería que los pescadores vivieran cerca del agua.

Recaudador de impuestos. Eran generalmente contratados por el país conquistador. En los días de Jesús, era Roma. Su trabajo era recaudar impuestos para el gobierno. Generalmente se les decía a los recaudadores de impuestos lo que debían cobrar para el gobierno, y se les permitía conservar para sí mismos el dinero adicional que colectaran. Debido a que sus tasas de impuestos eran usualmente exorbitantes, los recaudadores de impuestos eran despreciados, rechazados por los nacionales y por lo tanto marginados de la sociedad. Leví, llamado también Mateo, era un recaudador de impuestos que dejó su puesto para seguir a Jesús y convertirse en su discípulo.

Ofrendas

En la Biblia, una ofrenda es un don o sacrificio dedicado a Dios. En el libro de Levítico, Dios describe diferentes tipos de ofrendas.

Ofrenda quemada (holocausto). El holocausto requería el uso de una oveja, carnero o cabra que fuera perfecta e inmaculada, que pudiera servir como expiación o como ofrenda en algunas otras situaciones (ver Levítico 1:1-17).

Ofrenda de grano. Una ofrenda de grano no implicaba derramamiento de sangre, y debía hacerse sin presencia de levadura (ver Levítico 2:11).

Ofrenda de paz. Una ofrenda de paz era dada en acción de gracias por algo que Dios había hecho.

Ofrenda por el pecado. La ofrenda por el pecado era para la expiación de los pecados. Las instrucciones detalladas especificaban quién la administraba y cómo debía hacerlo. Un sacerdote ungido debía oficiar, especialmente si el pecado afectaba a toda la comunidad. Las ofrendas por el pecado eran intercambiables con ofrendas de culpa (ver Levítico 4:3).

Ofrenda por la culpa. También llamada ofrenda de culpa, a menudo estaba directamente relacionada con una ofrenda por el pecado. La principal diferencia entre las dos era que una ofrenda por el pecado trataba con una ofensa contra Dios que también amenazaba a la comunidad, mientras que la ofrenda de culpa era más bien por una violación por parte de un individuo contra las leyes o normas de Dios.

Una ofrenda final

Ofrenda suprema

La sangre de toros y machos cabríos nunca fue capaz de quitar el pecado del pueblo. Las ofrendas del Antiguo Testamento no eran más que una sombra o adelanto de la ofrenda suprema que estaba por venir. El Siervo sufriente de Isaías 53:10 fue predicho como reconciliando al hombre con Dios. Juan el Bautista fue enviado como un heraldo de este Mesías venidero. Señalando a Jesús, Juan exclamó: "He aquí el Cordero de Dios, que quita el pecado del mundo" (Juan 1:29). Al ofrecerse a sí mismo como ofrenda, Jesús perfeccionó para siempre a aquellos que creen en Él. ¿Has aceptado su ofrecimiento de salvación? Él fue la ofrenda suprema, y Él nos ofrece el regalo supremo: ¡la vida eterna!

P

Pablo/Saulo

Junto al Señor Jesucristo, Pablo (también conocido como Saulo, ver Hechos 13:9) de Tarso, un ciudadano judío romano, fue la figura más significativa de la era cristiana. Nació casi al mismo tiempo que Jesús, en Tarso, Asia Menor. Pablo era un fariseo que fue educado bajo el rabino Gamaliel. Inicialmente perseguidor de los cristianos, al convertirse se transformó en un firme seguidor de Jesús y uno de los más grandes misioneros para los gentiles de su tiempo. Aparece por primera vez en la Biblia en el relato de la lapidación de Esteban, que era un diácono destacado y franco, nombrado por los apóstoles de la iglesia primitiva. Pablo creía que los cristianos eran una amenaza para el judaísmo y apoyó la muerte de Esteban. Mientras estaba en el camino a Damasco para arrestar a los cristianos, el Jesús resucitado se le apareció y le encargó llevar el mensaje del Mesías a los gentiles. Pablo fue decapitado por sus creencias en Roma cuando tenía alrededor de 67 años de edad (ver Hechos 13:9, 7:58, 8:1-3, 9:1-19).

Los viajes misioneros de Pablo. Pablo fue un extraordinario misionero, que llevaba consigo a cristianos fieles como Bernabé, Juan Marcos y Silas, como compañeros y ayudantes en sus viajes. Empezó muchas iglesias por el camino, predicando el evangelio de Jesús en Jerusalén, Antioquía, Atenas, Éfeso, Tesalónica, Corinto y otros lugares. El libro de los Hechos termina con el relato de Pablo, que está bajo arresto domiciliario en Roma, dando la bienvenida a todos los que lo visitan y contándoles de las buenas nuevas de Jesús (ver Hechos 28:11-31).

Las epístolas de Pablo. Pablo escribió una gran parte del Nuevo Testamento, incluyendo la mayoría de las epístolas. Sus cartas se pueden dividir en dos categorías: cartas a iglesias y cartas a individuos. El lenguaje de la "justificación" y "salvado por la gracia" usado en la teología cristiana, proviene de sus cartas.[13]

━━━━━━━━━━ Una lección de Pablo para la vida ━━━━━━━━━━

Únicamente preparado para servir

Pablo tuvo un impacto increíble en su época, un impacto que ha continuado hasta nuestros días a través de sus escritos. La vida de Pablo y sus incomparables habilidades fueron un bien preciado para Dios, y Pablo se entregó a Él sin reservas. Todo su entrenamiento, educación, inteligencia y personalidad fueron usados por Dios, quien tenía un siervo dispuesto que dio todo hasta su último aliento.

Al igual que Pablo, tú tienes un conjunto único de dones y habilidades que te hacen de gran valor para el servicio de Dios. ¿Estás dispuesto a permitir que Dios tome tu vida con todas tus cualidades y deficiencias, y las use para su servicio? ¿O hay alguna área de tu vida que te estás negado a entregarle? Nunca sabrás todo lo que Dios puede hacer a través de ti hasta que le permitas tener cada parte de ti.

---

13. Las cartas a iglesias la conforman: Romanos, 1 y 2 Corintios, Gálatas, Efesios, Filipenses, Colosenses y 1 y 2 Tesalonicenses. Las cartas a individuos la conforman: 1 y 2 Timoteo, Tito y Filemón.

Primer viaje misionero de Pablo

Comenzando en Seleucia, Pablo y Bernabé viajaron a varias
ciudades, después de llegar a Derbe, volvieron de la misma
manera a Pérgamo, Atalia y luego de vuelta a Seleucia.

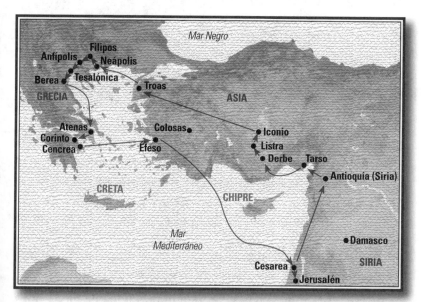

Segundo viaje misionero de Pablo

Pablo y Silas cubrieron gran parte de Asia Menor y fueron a Grecia.
En Troas, Pablo, Silas, Timoteo y Lucas tomaron un barco a Samotracia;
Timoteo y Silas se quedaron en Berea, mientras que Pablo fue a Atenas.

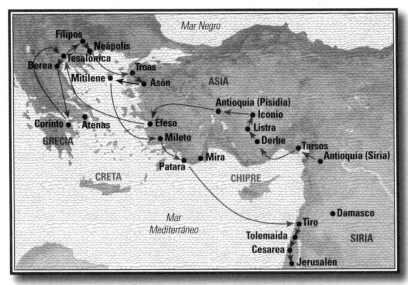

Tercer viaje misionero de Pablo

Pablo visitó varias iglesias de viajes anteriores,
y terminó su viaje en Jerusalén.

Pacto

En la Biblia, un pacto (del hebreo *berít*) es un acuerdo contractual entre dos partes. Era una obligación o promesa jurídicamente vinculante. El término hebreo designa conceptualmente una acción "cortante". Cuando la Biblia declara que Dios hizo un pacto, literalmente significa "cortó un pacto" (*karát berít*). El pacto de Dios con Abraham, por ejemplo, fue sellado por la acción simbólica de una antorcha encendida y un horno de humo que pasaba por las piezas de animales que Dios le había pedido a Abraham que cortara en dos. Algunos pactos eran incondicionales, lo que significaba que Dios mantendría su promesa hasta el fin sin importar lo que sucediera, y otros eran condicionales, que a su vez significaba que Dios prometía guardar su cumplimiento de la promesa siempre y cuando la gente guardara su parte (ver Génesis 15).

Los pactos principales instituidos por Dios en las Escrituras son:

- Pacto noético. Dios prometió nunca más destruir el mundo con agua (Génesis 9:8-15).

- Pacto abrahámico. Dios prometió la tierra a Abraham y sus descendientes (Génesis 12:1-3).

- Pacto sinaítico. Dios dio a los israelitas la ley e instituyó un sistema judicial (Éxodo 19—24).

- Pacto davídico. Dios prometió que un descendiente de David siempre gobernaría en su trono (2 Samuel 7:12-16).

- Nuevo pacto. Dios prometió una nueva relación espiritual con los individuos (Jeremías 31:34; Mateo 26:28).

Gracias a Dios por su nuevo pacto. Hoy ya no debes acercarte a Dios por medio de un sacerdote y un sacrificio de animales. No; puedes ir con valentía y confianza a Dios a través de la fe en su Hijo Jesucristo, que fue el sacrificio perfecto, final y definitivo. La muerte de Jesús en la cruz te hace aceptable a Dios. Debido a su sacrificio, tus pecados te son perdonados... si crees en Él.

Panes sin levadura

También conocido como *matzá*, el pan sin levadura (que queda plano) es preparado para ser comido en cada Pascua por el pueblo judío, para conmemorar su liberación de la esclavitud en Egipto. Dios dio a Moisés instrucciones específicas sobre la comida que los israelitas debían tener la noche en la que el ángel de la muerte mataría a los primogénitos de Egipto, y también en cualquier casa que no tuviera la marca de sangre en el marco de la puerta. El pan que Jesús y sus discípulos comieron en la Pascua era probablemente sin levadura, porque todos eran judíos (ver Éxodo 12; Mateo 26:26).

Una lección de los panes sin levadura para la vida

Influencias positivas y negativas

El pan sin levadura es pan sin leudar, este tipo de masa sería "no afectada" por la acción de la levadura y por lo tanto no crecería. A la luz de esto, los maestros judíos a veces comparan la levadura con el crecimiento o la invasión, dependiendo de si es en sentido positivo o negativo.

▶ Jesús advirtió a sus discípulos que se guardaran de la levadura negativa de los fariseos y su doctrina. En otra ocasión, comparó positivamente el reino de los cielos con la levadura (ver Mateo 16:6-12; 13:33).

▶ Pablo instó a sus lectores a limpiarse de la vieja levadura de malicia y maldad y reemplazarla con cualidades positivas de sinceridad y verdad, que comparó con el pan sin levadura (ver 1 Corintios 5:6-8).

▶ Pablo también dijo que "un poco de levadura leuda toda la masa", señalando a los gálatas la rapidez con que la falsa enseñanza de los judaizantes se había extendido entre ellos (ver Gálatas 5:9).

Parábolas

Jesús instruyó a menudo usando enseñanzas llanas o sermones, pero también amó comunicar la verdad a través de parábolas. Las parábolas son historias que pueden o no ser históricas, y en última instancia sirven para crear una posición. Los elementos de las parábolas de Jesús eran extraídos de acontecimientos cotidianos o actividades que a menudo se convertían en símbolos de otras cosas. La mayoría de la gente piensa en Jesús cuando se mencionan las parábolas, pero no fue el primero en hablar en parábolas. Cuando el profeta Natán confrontó al rey David acerca de su adulterio con Betsabé, le contó una parábola acerca de un hombre rico que robó la única oveja de un hombre pobre (ver 2 Samuel 12:1-4).

Algunas de las parábolas más conocidas de Jesús incluyen la parábola del sembrador, la del trigo y la cizaña, la de las diez minas, la del hijo pródigo y la del buen samaritano.[14]

Pascua

La Pascua celebra la liberación por parte de Dios de su pueblo de la servidumbre en la tierra de Egipto. Antes de que Dios enviara la décima y última plaga sobre Egipto, que fue la muerte del primogénito de toda casa, el pueblo de Israel recibió instrucciones de sacrificar un cordero sin mancha, es decir, perfecto, y rociar su sangre en los marcos de las puertas de sus casas, para que el ángel de la muerte pasara sobre sus hogares y sus familias, y de esta forma no mataría a los primogénitos en esa casa. Hoy en día la Pascua es celebrada por los judíos alrededor del mundo el primer día de la fiesta de los panes sin levadura (ver Éxodo 12—13. Ver también *Fiestas de la Biblia*).

Pastor

La Biblia habla frecuentemente de pastores. Un pastor cuida de sus ovejas (ver *Animales de la Biblia*) e impide que estas se desvíen. David era un pastor, y adquirió grandes habilidades al cuidar y proteger a sus ovejas de las bestias salvajes. David llamó a Dios su pastor, comparándose con las ovejas que Dios cuida. Jesús se refirió a sí mismo como el buen pastor que se sacrifica por sus ovejas (ver 1 Samuel 16:11; 17:34-36; Salmos 23; Juan 10:11).

---

14. Ver Mateo 13:1-23; Lucas 19:11-27; Lucas 15:11-32; Lucas 10:30-37.

Pecado

Tanto en el hebreo como en el griego, la palabra tiene el mismo significado: "fallar el blanco". Comenzando con la desobediencia de Adán y Eva en el huerto del Edén, toda la humanidad ha "pecado" o "ha fallado el blanco" y está muy por debajo de lo que Dios demanda. El pecado es el desafío humano a las leyes de Dios, y porque Dios es un Dios de justicia, no puede dejar sin castigo al pecador. Todo el mundo estaba condenado al infierno porque todos pecaron, pero Dios envió a su Hijo Jesús a morir en su lugar, presentando el regalo gratuito de salvación a aquellos que confían en Él como Salvador y Señor (ver Génesis 3:1-13; Romanos 3:23; 6:23).

Pedro/Simón

Simón (más tarde llamado Pedro por Jesús) era un pescador nativo de Betsaida de la región de Galilea. Él y su hermano, Andrés, inicialmente fueron discípulos de Juan el Bautista. Simón fue presentado a Jesús por Andrés. De manera predecible, Jesús cambió el nombre de Simón a *Cefas*, que en el dialecto local de la época significaba "roca", y en el griego se traduce "Pedro" (Lucas 6:14). Pedro y Andrés fueron llamados por Jesús para formar parte del grupo de los 12 discípulos.

No fue hasta después de la negación de Pedro de su relación con Jesús (poco antes de la crucifixión) y la restauración hecha por Jesús mismo, que la disposición errática y ardiente de Pedro comenzó a ser redirigida como una "roca" para guiar al resto de los discípulos. Después de la ascensión de Jesús al cielo, Pedro se convirtió en un líder espiritual audaz en la iglesia. Él reagrupó a los discípulos y predicó de la resurrección de Jesús en el día de Pentecostés, proclamando a sus oyentes su necesidad de arrepentirse. Pedro fue inflexible en su compromiso de difundir el evangelio por toda Jerusalén, incluso ante la persecución de sus compañeros judíos (ver Hechos 2).

En Hechos capítulo 10, leemos que Dios le mostró a Pedro a través de un sueño que los gentiles no eran impuros (como muchos judíos en su época pensaban) y que los gentiles también podrían llegar a conocer a Jesús como su Salvador. Más tarde, cuando esta situación se convirtió en un problema, Pedro se puso del lado de Pablo y Bernabé, diciendo que los gentiles fueron salvos por gracia, al igual que él y sus hermanos judíos. Pedro escribió dos de las cartas del Nuevo Testamento, 1 y 2 Pedro. En 1 Pedro, alentó a los cristianos que estaban sufriendo, diciéndoles que era bueno ser perseguidos por causa de Jesús y que debían soportar tales cosas. En 2 Pedro, les dijo que él y sus compañeros discípulos no habían inventado la historia de Jesús, sino que eran testigos oculares de su gloria. También exhortó a los creyentes a vivir sabiamente, a tener cuidado con los falsos maestros y anticipar el día venidero del Señor. La tradición afirma que Pedro fue crucificado en Roma (ver Juan 1:40-42; Hechos 15:6-11).

Una lección de Pedro para la vida

El Dios de las segundas oportunidades

Pedro se caracterizó como el discípulo que hablaba primero y escuchaba después, cuya fe se desmoronaba bajo presión. Pero debido a Jesús, fue cambiado dramáticamente y se convirtió en un poderoso líder en la iglesia primitiva y uno de los más grandes líderes del Nuevo Testamento.

¿No te alegras de que Dios no te abandone cuando fallas? Pedro tenía un gran potencial, pero a menudo decía o hacía lo incorrecto. Sin embargo, el Dios de las segundas oportunidades se reunió con él después de haberlo negado en tres ocasiones y lo puso de nuevo en el camino del servicio. ¿Estás pensando que has fallado a Dios demasiadas veces y que Él no querrá darte otra oportunidad? Bueno, ¡piénsalo de nuevo! Dios conoce tu corazón; quiere perdonarte y volverte a ver en su servicio. ¡Ve a Él ahora y recibe su infinito amor y perdón ilimitado. Tu servicio es necesario!

Perdón

El perdón es un tema que aparece a lo largo de la Biblia. En el Antiguo Testamento, José perdonó a sus hermanos el mal que le hicieron. Dios perdonó a David de su adulterio con Betsabé y el asesinato de su esposo para cubrir sus huellas. En el Nuevo Testamento, Jesús ofreció perdón a todos los que depositan su confianza en Él como Salvador y Señor. También instó a sus seguidores a perdonar a otros. El apóstol Pablo, en sus escritos, frecuentemente escribió acerca del perdón de otros (ver Éxodo 50:19-21; Salmos 51:1, 9; Mateo 18:21-22; Efesios 4:32).

Una lección del perdón para la vida

Como Dios te ha perdonado

"Errar es humano, perdonar es divino" es un dicho proverbial que implica que es fácil cometer errores, pero difícil perdonarlos, sobre todo los de los demás. ¿No te alegras de que Dios no posea esta tendencia humana? Independientemente de tu pasado y tus errores, Dios está listo para otorgarte perdón a través de la muerte de su Hijo quien pagó por todas tus faltas. ¿Estás listo para aceptarlo? ¡Y si ya has recibido su perdón, demuestra una chispa de la divinidad y transmítelo a otros! Como la Biblia aconseja, perdonen a otros tal como Dios les ha perdonado (Efesios 4:32).

Diálogo entre Pedro y Jesús

Pedro: "Señor, ¿cuántas veces perdonaré a mi hermano que peque contra mí? ¿Hasta siete?".

Jesús: "No te digo hasta siete, sino hasta setenta veces siete".
(Ver Mateo 18:21-22).

Persia

Persia es importante en la historia bíblica debido a su contacto con el pueblo de Dios, los judíos. Ellos habían sido exiliados durante 70 años a Babilonia debido a su obstinada rebelión contra Dios. Cuando el tiempo de su exilio terminó, Ciro, el rey de Persia, se convirtió en el instrumento que Dios usó en favor de la liberación de los judíos para regresarlos a su tierra natal. Persia conquistó Babilonia en 539 a.C. y, en el plazo de un año, Ciro decretó que los judíos podrían regresar a casa. El Imperio persa duró de 550 a.C. a 330 a.C., cuando fue derrocado por Alejandro Magno (ver Esdras 1:1-4).

Plantas de la Biblia

Árboles del huerto del Edén. Cuando Dios creó el huerto del Edén, puso el árbol de la vida y el árbol del conocimiento del bien y del mal. El árbol de la vida podría hacer que el hombre viva para siempre, y se lo menciona más adelante en el libro de Apocalipsis en relación con la vida eterna. Dios no prohibió a Adán y Eva comer del árbol de la vida, pero sí les prohibió comer del árbol del conocimiento del bien y del mal. Tristemente, Eva sucumbió a la tentación de la serpiente y comió del árbol del conocimiento del bien y del mal. Adán también comió, causando su expulsión del huerto y la entrada del pecado en el mundo (ver Génesis 2:9; 3:22; Apocalipsis 2:7; 22:2).

Higuera. La higuera es un árbol común en Israel hoy en día. Jesús una vez maldijo una higuera por no dar fruto como debiera, haciendo de esto un momento de enseñanza para sus discípulos (ver *Alimentos de la Biblia*). (Ver Marcos 11:12-14, 20-25).

Olivo. El olivo era muy importante en el antiguo Israel por razones económicas, al igual que hoy. Crece muy lentamente, requiriendo mucha paciencia. Pablo usó el olivo para comparar a los gentiles que habían llegado a la fe como ramas que habían sido cortadas de un olivo "silvestre" y que ahora estaban injertadas en un olivo "cultivado", que representaba a Israel (ver Romanos 11:24).

Sicómoro. Los sicómoros son susceptibles a las heladas y las temperaturas frías, por lo que crecen principalmente en las tierras bajas. Zaqueo, que era corto de estatura, trepó a un sicómoro para poder observar a Jesús en medio de una multitud (ver *Zaqueo*) (ver Lucas 19:4).

Semilla de mostaza. Jesús se refirió a la semilla de mostaza como la más pequeña de todas las semillas. Dijo que la semilla de mostaza crece y se convierte en un gran árbol, haciendo su punto de comparación con el reino de Dios que comenzaría pequeño, pero crecería inmensamente, y que es exactamente lo que ha sucedido (ver Mateo 13:32).

Vid. La vid y su fruto han proporcionado vino para el sustento líquido a los que están en el estéril desierto de Israel. La Biblia nombra a Noé como un cultivador de la vid. La vid fue el emblema de Judea usado en las monedas durante el siglo II a.C. Jesús se llamó a sí mismo la vid, su padre el viñador y los que creen en Él, las ramas que deben permanecer en Él (ver Génesis 9:20; Juan 15:1-8).

Para más información sobre las plantas de la Biblia, ver también *Alimentos de la Biblia*.

Poligamia

La poligamia era común en el mundo antiguo, e influyó en la vida de los israelitas. Jacob y su matrimonio con Raquel y Lea es un ejemplo clásico. El hermano de Jacob, Esaú, también tenía más de una esposa.

Después del período patriarcal (el tiempo de Abraham, Isaac y Jacob), los hombres todavía tomaban muchas esposas. Pero Moisés le dijo al pueblo de Israel que sus reyes no tendrían muchas esposas porque estas podrían apartar el corazón de los reyes de Dios. Cuando David era rey sobre Israel, tenía varias esposas. Su hijo Salomón también tuvo muchas esposas, ¡nada más ni nada menos que 700! y, tristemente, estas alejaron su corazón de Dios (ver Deuteronomio 17:17).

Una lección de la poligamia para la vida

Hasta que la muerte nos separe

El ejemplo de los patriarcas y de los reyes David y Salomón muestra que la poligamia puede llegar a ser muy problemática. La Biblia está llena de ejemplos de esposas que no se llevaban bien e hijos que se odiaban entre sí. El modelo de Jesús para el matrimonio entre un hombre y una mujer viene de Génesis 2:24, que Él citó en Mateo 19:5: "El hombre dejará padre y madre, y se unirá a su mujer, y los dos serán una sola carne".

Profecía

Una profecía era una declaración de Dios concerniente a su voluntad para la humanidad o un acontecimiento futuro que se revelaría. Jeremías, por ejemplo, por medio de la profecía, advirtió al pueblo de Dios que se arrepintiera para no ser llevado cautivo a Babilonia. Su declaración anunció tanto la voluntad de Dios como un acontecimiento futuro. Isaías hizo declaraciones proféticas sobre un niño que algún día nacería de una virgen, y que sufriría y moriría por las transgresiones de su pueblo; Jesucristo era esa persona. La profecía de Isaías era acerca de un acontecimiento futuro. En la Biblia hay muchas otras profecías que aún no han sido cumplidas (Isaías 7:14, 9:6; 52:13—53:12). (Ver *Apocalipsis*).

Profetas

Los profetas fueron escogidos por Dios para servir como su portavoz. Había dos clases de profetas: aquellos que advertían al pueblo contra la injusticia social y el peligro de no seguir a Dios, o los animaban a confiar en Dios, y aquellos que hacían predicciones. Las profecías de un verdadero profeta se cumplían el cien por ciento de las veces (ver *Profecía*).

Proverbios

El libro de Proverbios, escrito en su gran mayoría por Salomón, el hijo de David, contiene frases cortas u observaciones concisas sobre la vida, a menudo contrastando al necio con el sabio.

Q

Querubín

Es representado generalmente en pinturas y esculturas como un niño con alas, hermoso, de mirada inocente, regordete, con mejillas rosadas. Los querubines se mencionan por primera vez en la Biblia en la historia de Adán y Eva, donde se les conoce como los guardianes del camino al árbol de la vida. Se les describe con la apariencia de seres humanos, con alas y, de alguna manera especial, atendiendo a Dios, quien tiene su trono sobre ellos. Los querubines de oro fueron moldeados y colocados en cada extremo del propiciatorio sobre el arca de la alianza. Imágenes de querubines también se bordaron en el velo del templo, y se usaron en el adorno de varias otras partes del templo. Además, los cuatro seres vivientes mencionados en relación con el carro de Ezequiel son usualmente interpretados como querubines.[15]

¿Sabías que…?

Hay otro orden de criaturas angélicas llamadas *serafines*, que significa "quemar". Estas criaturas tienen semejanza física con los querubines. Son agentes de limpieza, como es evidente por los serafines que pusieron un carbón encendido en los labios de Isaías. Tienen seis alas, dos para cubrir su cara, dos para cubrir sus pies y dos para volar (ver Isaías 6:2, 6-7).

---

15. Ver Génesis 3:24; Éxodo 25:18-22; 37:7-9; 2 Crónicas 3:14; 1 Reyes 6-7; Ezequiel 1:5-14.

R

Recipientes

Había diferentes clases de recipientes, hechos de variados materiales tales como: bronce, oro, plata o, más comúnmente, madera o arcilla. A continuación, se presentan algunos ejemplos de recipientes usados en tiempos bíblicos:

Vasijas de arcilla para rollos o conservación de alimentos. Los llamados Rollos del Mar Muerto, que fueron descubiertos alrededor de 1946-47 en las cuevas de Qumrán cerca del Mar Muerto, fueron colocados en vasijas de arcilla por una comunidad judía aproximadamente un siglo o más antes de la época de Jesús. Estos pergaminos contienen varios textos de la Biblia, e incluso se ha conseguido rescatar un rollo entero del libro de Isaías. Las vasijas de arcilla en las que se habían colocado los pergaminos resultan ser muy buenas para preservar los rollos de los elementos destructivos, que de otro modo los habrían destruido. La comida también se mantenía a salvo en vasijas de barro.

Canastas. Estas llevaban alimentos y otros artículos. Si la canasta era lo suficientemente grande, podría llevar incluso a una persona. Cuando Moisés era un bebé, fue colocado en una canasta de papiro, que su madre colocó entre los juncos a la orilla del río Nilo. Pablo escapó de los perseguidores cuando sus amigos lo bajaron de una ventana en una canasta grande (ver Génesis 40:16-17; Éxodo 2:3; Hechos 9:25).

Odres. Fueron confeccionados con cuero de cabra y contenían vino hasta que este se fermentara. Debido a que el proceso de fermentación estira el cuero, el vino nuevo no podía ser vertido en un odre viejo, ya que la presión haría estallar el odre menos elástico. Jesús habló de odres para señalar a sus oyentes que los viejos odres eran viejas tradiciones humanas y ceremonias que no encajaban apropiadamente en los nuevos odres del nuevo pacto que Jesús había venido a inaugurar (ver Mateo 9:17).

Cántaros de agua. Al ir a buscar agua, las mujeres a menudo llevaban cántaros para transportarla, estos usualmente tenían dos asas. Jesús le pidió una vez a una mujer samaritana un poco de agua, lo que indica que probablemente llevaba un cántaro (ver Génesis 24:14-15; Juan 4:7).

Tazones. Conocidos también como lebrillos, podrían contener una variedad de líquidos, usualmente utilizados para fines rituales o domésticos. Había tazones de bronce en el tabernáculo, y Jesús lavó los pies de sus discípulos usando un lebrillo lleno de agua (ver Éxodo 27:3; Juan 13:5).

Reina de Sabá

Esta reina sin nombre estaba tan interesada en conocer acerca de la grandeza del rey Salomón que viajó cientos de kilómetros para encontrarse con él, ver su inmensa riqueza y hacerle preguntas. Después de su encuentro con el rey Salomón, ella quedó muy impresionada y glorificó a Dios por lo que había visto y oído (ver 1 Reyes 10:1-10, 13; 2 Crónicas 9:1-9, 12).

Reino de Dios/de los cielos

Únicamente el Evangelio de Mateo usa la expresión "reino de los cielos" por sensibilidad a sus lectores judíos (Mateo 3:2; 4:17; 5:3, por ejemplo). En el resto de la Escritura se usa "reino de Dios". Ambas expresiones se refieren a la esfera del gobierno de Dios sobre los que le pertenecen. El reino se manifiesta ahora en el dominio espiritual del cielo sobre los corazones de los creyentes. Cuando Jesús regrese, este reino será establecido como un reino literal y terrenal (ver Lucas 17:21; Apocalipsis 20:4-6).

Acerca del reino de Dios

Jesús:

... dijo que se había acercado	Marcos 1:15
... enseñó que era muy difícil entrar	Marcos 10:24
... explicó que a menos que alguien nazca de nuevo, no puede entrar	Juan 3:5

Pablo:

... escribió que los injustos no heredarán este reino	1 Corintios 6:9
... llamó a un grupo de discípulos "compañeros de trabajo" por este reino	Colosenses 4:11
... enseñó que los que sufren son dignos de este reino	2 Tesalonicenses 1: 5

Resurrección

En la Biblia, el término resurrección puede referirse a una de dos cosas: la resurrección de Jesús, o la resurrección en general de los muertos al final de los tiempos.

Resurrección de Jesús. Jesús dijo a sus discípulos que sufriría, moriría y resucitaría de los muertos al tercer día; todo lo que Jesús dijo sucedió tal como Él predijo. En la mañana del tercer día, un grupo de mujeres fueron las primeras en llegar a la tumba vacía, seguidas por Pedro y Juan. Jesús primero apareció a María Magdalena, luego a dos de los discípulos en el camino a Emaús, al resto de los discípulos, a su medio hermano Jacob y a muchos otros. Después de que Jesús subió al cielo, también se le apareció a Pablo. Todos los primeros discípulos reconocieron la importancia de la resurrección, comprendiendo (como escribió Pablo) que sin la resurrección de Jesús, todos seguirían muertos en sus pecados (ver Marcos 8:31-32, 1 Corintios 15:3-8).

Resurrección general de los muertos. El profeta Daniel predijo que toda la humanidad sería resucitada, algunos a la vida eterna y el resto al juicio eterno. Jesús habló de este momento muchas veces durante su ministerio, al igual que Pablo. Juan también escribió extensamente sobre ello en el libro de Apocalipsis (ver Daniel 12:2; Juan 5:28-29; Hechos 24:15).

Reyes del norte (Israel) y del sur (Judá)

Después del reinado de Salomón, la nación de Israel se dividió en dos reinos. Estos son los reyes de los reinos del norte y del sur, comenzando con la división entre Roboam, de la línea de David en Judá, y Jeroboam, un disidente que se convirtió en el primer rey del reino del norte, Israel:

Rey de Israel	Duración del reinado (a.C.)	¿Bueno o malo?
Jeroboam I	931-911	Malo
Nadab	911-910	Malo
Baasa	910-887	Malo
Ela	887-886	Malo
Zimri	886	Malo

Rey de Israel	Duración del reinado (a.C.)	¿Bueno o malo?
Omri	886-875	Malo
Acab	875-853	Malo
Ocozías	853-852	Malo
Joram	852-841	Malo
Jehú	841-814	Malo
Joacaz	814-798	Malo
Joás	798-782	Malo
Jeroboam II	782-753	Malo
Zacarías	753-752	Malo
Salum	752	Malo
Manahem	752-742	Malo
Pekaía	742-740	Malo
Peka	740-732	Malo
Oseas	732-722	Malo

Rey de Judá	Duración del reinado (a.C.)	¿Bueno o malo?
Roboam	930-915	Malo
Abías	915-912	Malo
Asa	912-871	Bueno
Josafat	971-849	Bueno
Joram	849-842	Malo
Ocozías	842-841	Malo
Atalía (reina)	841-835	Malo
Joás	835-796 (empezó a la edad de siete años)	Bueno
Amasías	796-767	Bueno
Uzías (Azarías)	767-740	Bueno
Jotam	750-735	Bueno

Rey de Judá	Duración del reinado (a.C.)	¿Bueno o malo?
Acaz	735-715	Malo
Ezequías	715-687	Bueno
Manasés	687-642 (empezó a la edad de 12 años)	Malo
Amón	642-640	Malo
Josías	640-609 (empezó a la edad de 8 años)	Bueno
Joacaz	609	Malo
Joacim	609-598	Malo
Joaquín (Jeconías)	598-597	Malo
Sedequías	597-586	Malo

Roma

La ciudad de Roma se encuentra en lo que ahora es Italia. Roma fue fundada en 753 a.c., y en el segundo siglo a.c. sus líderes habían conquistado el mundo conocido (ver *Imperio romano*). Los apóstoles Pedro y Pablo fueron encarcelados y ejecutados en Roma por su fe en Cristo.

Ropa de la Biblia

En los tiempos bíblicos, la mayoría de las personas hacía su propia ropa. La ropa, las prendas de vestir y las telas se constituían también en premios y botín de batalla. Para los israelitas, había algunas restricciones sobre lo que les era permitido llevar. Dios prohibió al pueblo de Israel mezclar fibras en sus vestidos, y condenó la práctica de que los hombres se vistieran con ropa de mujeres o que las mujeres se vistieran con ropa de hombres.

A continuación se presentan algunos ejemplos de ropa usada en los tiempos bíblicos, algunos de los que todavía se usan hoy en día (ver Levítico 19:19 y Deuteronomio 22:5).

Vestidos de piel. Después de que Adán y Eva pecaron, se avergonzaron de su desnudez y cosieron hojas de higuera para cubrirse. Dios entonces mejoró su ropa haciendo vestidos de piel para ellos. Los vestidos de piel eran probablemente comunes durante los primeros días de la historia, especialmente entre los pobres. Dos ejemplos de los que llevaban prendas de pieles de animales eran los profetas Elías y Juan el Bautista (ver Génesis 3:7, 21; 2 Reyes 1:8 y Mateo 3:4).

Túnica. También conocida como manto, la túnica era el artículo de vestir exterior israelita, generalmente hecha de lana. El abrigo multicolor de José era probablemente un manto. La túnica de Jesús era sin costuras, probablemente tejida entera en un tipo particular de telar con un agujero para la cabeza y dos aberturas para los brazos. Según el historiador Josefo, el sumo sacerdote probablemente también llevaba una túnica sin costuras tejida de esta manera. La túnica de una mujer era típicamente más elaborada y de mejor calidad que la de un hombre (ver Génesis 37:3; Job 1:20, Juan 19:23).

Flavio Josefo (también conocido como Josefo ben Matityahu) fue un historiador judío del primer siglo que eventualmente se convirtió en ciudadano romano. Josefo escribió amplios relatos de testigos oculares del judaísmo y la historia durante el primer siglo d.C., que han proporcionado mucho conocimiento sobre la vida en Israel durante esta época.

Zapatos y sandalias. Sandalias (del griego *sandálion*) consistían en suelas hechas típicamente de cuero o madera, que eran atadas a los pies por medio de correas. Hombres y mujeres usaban generalmente los mismos tipos de sandalias, pero las de las mujeres generalmente estaban más decoradas. Debido a que las sandalias no se llevaban en casa, al ponérselas se indicaba que se estaba por salir a alguna parte. Un par de sandalias fácilmente podrían desgastarse luego de un largo viaje.

Cinturones. El cinturón de un hombre estaba hecho de cuero, y el cinturón de una mujer estaba hecho de seda o quizás lana, además de que era más colorido.

Tocados. A veces los hombres usaban turbantes o gorras para protegerse del sol. Las mujeres también usaban tocados, y los suyos eran generalmente coloridos y hechos de material más ligero.

Ropa religiosa. Dios ordenó a su pueblo atar sus mandamientos alrededor de sus manos y frentes (Éxodo 13:16; Deuteronomio 6:8; 11:18). La tradición judía tomó esto literalmente. Las *filacterias* (de la palabra hebrea *tefilá*, que indica oración) eran un par de cajas negras que, según la tradición judía, necesitaban contener los mandamientos de Dios.[16] Dios ordenó a Moisés que dijera al pueblo de Israel que pusiera una borla o un fleco en cada esquina de su manto, y que cada borla tuviera un hilo azul. Estas borlas debían servir como recordatorios para que el pueblo siga los mandamientos de Dios y no siga sus propios corazones o mentes. El sumo sacerdote de Israel llevaba un efod, una vestidura sacerdotal decorada con 12 piedras preciosas, unida al pectoral de su vestido, que simbolizaba la providencia de Dios y la posición sacerdotal (ver Éxodo 13:16; Deuteronomio 6:8; 11:18; Números 15:38-40).

---

16. Los textos que debían estar en las filacterias eran: Éxodo 13:16; Números 15:37-41; Deuteronomio 6:4-9 y Deuteronomio 11:13-21.

S

Sabbat

La Biblia narra que Dios descansó el séptimo día después de la creación del mundo. En los Diez Mandamientos, Dios decretó que todo Israel descansara el séptimo día, sábado o día de reposo, poniéndolo aparte como santo. Era conocido como el sábado (día de reposo) o *sabbat* (que significa "cesación"), y ningún trabajo debía hacerse durante ese día. El castigo por trabajar en sábado (día de reposo) era la muerte. Por ejemplo, un hombre fue condenado a muerte por recoger leña ese día (ver Génesis 2:3; Éxodo 20:8; 31:14; Números 15:32-36).

Sin embargo, algunas personas comenzaron a tratar al sábado o día de reposo como una señal de mérito, ignorando los otros mandamientos de Dios, mientras se enorgullecían de guardar la ley del sábado. Dios expresó su ira ante esta observación hipócrita. Jesús también reprendió a los fariseos por condenar hipócritamente a sus discípulos por cosechar y comer las espigas en el día de reposo. Jesús siguió la verdadera naturaleza del día de reposo y no lo convirtió en una lista exhaustiva de regulaciones como lo habían hecho los fariseos. Debido a que Jesús resucitó de los muertos un domingo, los cristianos comenzaron a reunirse el primer día de la semana como un día especial para adorar al Señor. La comunidad judía sigue observando el sábado como su *sabbat* o día de reposo (ver Isaías 1:13; Mateo 12:2-8; 28:1; Hechos 20:7).

Una lección del *sabbat* para la vida

¡Libre para adorar!

Debido a la victoria de Jesús en la cruz sobre la muerte y su resurrección, la pena de muerte por trabajar en el día de reposo (*sabbat*) ya no se aplica. Lo importante para los cristianos es tener en cuenta que el propósito original del *sabbat* era liberar a la gente de todas las distracciones para que pudieran concentrarse enteramente en Dios. Hoy estamos libres para adorar a Dios en todo momento y en todo lugar. Es una cuestión de corazón, un corazón que reconoce continuamente a Dios y lo adora. Sin embargo, todavía nos reunimos regularmente con otros creyentes para recibir instrucción, aliento y compañerismo (ver Hebreos 10:25).

> "No dejando de congregarnos, como algunos tienen por costumbre, sino exhortándonos; y tanto más, cuanto veis que aquel día se acerca".
>
> (HEBREOS 10:25)

Sacerdotes

Un sacerdote, en el sentido bíblico, era aquel que ofrecía sacrificios a Dios. Bajo el sacerdocio levítico, solamente los descendientes de Aarón podían ser sacerdotes. Además, solo el sumo sacerdote podía entrar en el lugar santísimo en el tabernáculo y, más tarde, en el templo. Él haría esto solo una vez al año para ofrecer sacrificios por todo el pueblo de Israel en *Yom Kipur*, el Día de la Expiación. Los sacrificios de animales ofrecidos por los sacerdotes no tenían ningún efecto real sobre los pecados de las personas. Hasta que el gran Sumo Sacerdote, Jesucristo, viniera a ofrecerse por el pecado de una vez para siempre (ver Hebreos 7:26-27).

Sacrificio(s)

Ver *Ofrendas*.

Saduceos

Los saduceos eran una secta judía que existía durante el tiempo de Jesús. A diferencia de los fariseos (ver *Fariseos*), no creían en una futura resurrección de los muertos. Los saduceos solo aceptaban como autoritativos los primeros cinco libros de la Biblia, rechazando la noción farisaica de una ley oral. Los saduceos estaban a cargo del templo y trataban de mantener, para sus propios intereses, una buena relación con los gobernantes romanos.

Salomón

Salomón (cuyo nombre significa "pacífico") también fue conocido como Jedidías ("amado de Jehová"). Fue uno de los hijos del rey David y se convirtió en el tercer rey de Israel. Es conocido como el hombre más sabio que haya existido, aparte de Jesús. Antes de morir, David dio algunas instrucciones finales a Salomón, animándolo a caminar de acuerdo a los mandamientos de Dios.

Salomón comenzó su reinado siguiendo los deseos de su padre. Cuando Dios se ofreció a darle lo que él quisiera, pidió sabiduría. Contento de que Salomón pidiera sabiduría más que riqueza, Dios hizo que su sabiduría fuera más impresionante que la de cualquier otra persona en el mundo. También le dio a Salomón gran riqueza, lo que impresionó incluso a la reina de Sabá, que viajó una larga distancia para escuchar su sabiduría y ver su riqueza (ver *Reina de Sabá*).

Salomón construyó el templo en Jerusalén con materiales recogidos por su padre David. Desafortunadamente no siguió tomando el consejo de su padre de caminar en obediencia a Dios. Aunque era sabio, se convirtió en un tonto y tomó malas decisiones. Terminó su vida con 700 esposas y 300 concubinas, y sus esposas apartaron su corazón de Dios, influenciándolo para servir a otros dioses. Esto causó que Dios se enojara con Salomón, le quitara parte del reino y dividiera a la nación en dos: un reino del norte y otro del sur. Pero Dios seguía siendo misericordioso con Salomón y permitió que dos tribus, Judá y Benjamín, permanecieran con el reino del sur. Esto se debió a la promesa de Dios a David, el padre de Salomón, de que uno de sus descendientes siempre se sentaría en el trono.

Salomón escribió tres de los que se conocen como "libros de sabiduría" de la Biblia: Proverbios, Cantar de los Cantares de Salomón y Eclesiastés. Murió después de un reinado de 40 años (ver 1 Reyes 2:1-9; 2 Crónicas 1:8-13; 1 Reyes 4:29-34; 10:1-10; 11:1-13; 12:16).

Una lección de Salomón para la vida

Una mala compañía destruye el buen carácter

Salomón pudo haber sido muy sabio, pero esto no lo hizo inmune a tomar decisiones erróneas que lo llevaron a comprometer sus creencias espirituales y su fidelidad a Dios. Puede que fuera "políticamente correcto" al forjar alianzas con las naciones paganas circundantes a través de matrimonios, pero al final la decisión de Salomón de tomar esposas extranjeras lo alejó de Dios.

La elección de los amigos y las relaciones correctas son muy importantes para el crecimiento y la madurez en la vida cristiana. La Biblia está en lo correcto cuando dice que las asociaciones con personas malas corrompen las buenas costumbres. No sigas el ejemplo de Salomón eligiendo relaciones basadas en la conveniencia o en la pasión. Elige a los amigos que te desafían a un mayor crecimiento espiritual, que te impulsen o animen en tu vida cristiana. Pídele a Dios que te guíe a aquellas personas y relaciones que te mantendrán cerca de Él (ver 1 Corintios 15:33).

Salvación

La Biblia es una narración de la obra salvadora de Dios. En las primeras páginas del Génesis, el primer libro de la Biblia, se hace una predicción acerca de cómo Dios enviaría a un Salvador para redimir al hombre caído y restaurar la relación quebrantada entre Él y el hombre. El resto del Antiguo Testamento es la historia de cómo Dios redime a un pueblo a través del cual el Redentor aparecería. El Nuevo Testamento se abre con el nacimiento del Salvador de la humanidad, Jesús, cuyo nombre significa "salvación". El Nuevo Testamento continúa dejando muy en claro la oferta de gracia de la salvación de Dios. Es a través de la muerte de Jesús en la cruz, sin tomar en cuenta nuestras buenas obras, que somos salvos de una eternidad separados de Dios, y es solamente a través de Jesús que podemos tener vida eterna. La oferta de la salvación de Dios es un regalo increíble porque es inmerecido. Pablo explicó que Dios, en su gracia, nos ama tanto que envió a su Hijo a pagar el castigo por nosotros, rescatándonos de la condenación eterna (ver Efesios 2:8-10; Juan 14:6; Hechos 4:12; Romanos 5:8).

Sanedrín

El Sanedrín era el cuerpo judicial judío que gobernaba en Jerusalén durante los tiempos bíblicos y se suponía que estaba formado por los hombres más piadosos y sabios en Israel. Desafortunadamente, en su mayor parte, ese no era el caso. Por ejemplo, el Sanedrín violó la ley judía muchas veces durante el juicio a Jesús, incluyendo el recibir falso testimonio y sobornar a testigos para que estos digan mentiras. También persiguieron a los seguidores de Jesús después de su resurrección, prohibiéndoles predicar acerca de Jesús (ver Éxodo 20:16; Mateo 26:14-16, 60-61; Hechos 4:17).

Había miembros del Sanedrín que eran cuidadosos con sus acciones, como Gamaliel, quien instó a tener cautela en cuanto a la decisión tomada con respecto a los discípulos, y José de Arimatea, que enterró a Jesús en una tumba de su propiedad (ver Hechos 5:34-39; Lucas 23:50-53).

Sangre de Cristo

En tiempos del Antiguo Testamento, la sangre de toros y machos cabríos era usada para expiar los pecados de los israelitas. Las muertes de estos animales sirvieron como reemplazo de la vida de las personas para absolverlas simbólicamente de su pecado. Pero todo esto cambió con la venida de Jesucristo. En el Nuevo Testamento, Jesús se levantó de la muerte. En la víspera de su muerte (durante la cual su sangre sería derramada), Él instruyó a sus discípulos, en lo que generalmente se conoce como "la Última Cena", en cuanto a que su sangre iniciaría un nuevo pacto y que su sangre sería derramada por muchos para la remisión de los pecados. Jesús sabía que iba a morir pronto, y su sangre proporcionaría la expiación que los sacrificios de animales del Antiguo Testamento no habían podido proporcionar. La Biblia es clara cuando afirma que no es posible que la sangre de toros y machos cabríos quite los pecados. Sin embargo, la sangre del Hijo perfecto de Dios, Jesucristo, es la sustitución perfecta de la muerte que merecemos por nuestro pecado (ver Levítico 17:11; Mateo 26:27-28; Hebreos 10:4).

Sansón

Sansón (cuyo nombre significa "luz del sol") fue uno de los jueces más conocidos que Dios designó para proteger a Israel de las naciones enemigas (ver *Jueces*). Dios prometió a una pareja estéril, Manoa y su esposa, que tendrían un hijo, el cual iba a ser apartado como nazareo toda su vida (un nazareo no debía beber vino ni tampoco debía cortarse el cabello). Cuando Sansón llegó a ser adulto, poseía una fuerza increíble.

Desafortunadamente, Sansón usó sus habilidades principalmente para sus propios propósitos egoístas. A pesar de esto, Dios usó a Sansón para salvar a Israel de los filisteos, que fue su último acto de servicio, al pedirle a Dios que restableciera su fuerza, por última vez, para poder empujar las columnas de un templo filisteo. Dios le respondió, y Sansón fue capaz de empujar las columnas con todas sus fuerzas para que el templo entero se viniera abajo, matándolo a él mismo y a 3000 filisteos. Sansón sirvió como juez de Israel durante 20 años (para la historia de Sansón, ver Jueces 13—16).

Un bosquejo de la vida de Sansón

Su nacimiento: Dios apareció a sus padres.

Su cabello: Como un nazareo, nunca debía cortarse el cabello.

Su fuerza: Su poder estaba en su cabello sin cortar.

Su caída: él amó a Dalila, quien reveló el secreto de su poder a sus enemigos.

Su vergüenza: Se vio obligado a moler grano como un animal.

Su muerte: él murió en un último acto heroico mientras destruía a los enemigos de Dios.

Una lección de Sansón para la vida

Viviendo al borde del límite

Sansón fue cautivo de sus propias pasiones y orgullo. Por grandes que fueran sus dones, sus defectos y el uso indebido de estos dones fue mayor. Sansón optó por ver lo cerca que podía llegar al borde de la obediencia al formar relaciones comprometedoras e involucrarse en cosas cuestionables. Aunque Sansón fue el hombre más fuerte que jamás haya vivido, nunca estuvo a la altura de su potencial debido a sus actitudes egoístas.

Tú también tienes un gran potencial y acceso al gran poder del Señor. En lugar de ver lo cerca que puedes vivir al borde de la obediencia, haciendo decisiones tontas o asociándote con aquellos que solo pueden hacer que te rebajes a su nivel de conducta pecaminosa, ve lo cerca que puedes permanecer de Jesús. Síguelo de todo corazón. Proponte vivir guiado por su Palabra.

Satanás

(Ver también *Diablo*).

Satanás (del hebreo *satán*) significa simplemente "adversario". Desde la serpiente de Génesis 3:1 hasta incitar al rey David para que cense a los hombres de guerra de Israel, y en adelante hasta el día de hoy, Satanás ha sido enemigo de Dios y del hombre, muchas veces descrito en la Escritura como "el maligno". Fue el adversario que desafió a Dios acerca de Job y el acusador de Josué, el sumo sacerdote. En el Nuevo Testamento, Satanás se llama *diábolos*, usualmente traducido como "diablo". Esta figura intentó tentar a Jesús tres veces en el desierto, pero él le resistió respondiendo cada vez por medio de la Escritura. La Biblia dice que Satanás (el diablo) es un mentiroso y un asesino, disfrazándose como ángel de luz, y que anda rondando como un león rugiente. También se le llama "gran dragón, la serpiente antigua".

Contrariamente a la creencia popular, Satanás no es un oponente o archienemigo igual a Dios. Las Escrituras indican que Satanás debe pedir permiso a Dios antes de atormentar o tentar a ciertas personas, lo que sugiere que su poder es limitado. Jesús proveyó el modelo para resistir a Satanás cuando combatió con las Escrituras las mentiras de Satanás mientras era tentado en el desierto. Jesús trajo la victoria para los creyentes cuando destruyó las obras del diablo y le restó poder. Como Jesús lo hizo, la Biblia nos exhorta a resistir al diablo, quien huirá.[17]

Satanás ha causado estragos durante miles de años y sus actividades maliciosas continuarán por un tiempo en el futuro, pero su fin está llegando. Dios confinará a Satanás en un lugar llamado "el abismo" durante 1000 años antes de que finalmente sea enviado al lago de fuego, el infierno preparado para él y sus ángeles caídos (ver Apocalipsis 20:3, 10; Mateo 25:41).

Un retrato de Satanás antes de su caída

Satanás fue creado por Dios.

Satanás era un hermoso querubín.

Satanás tenía una posición exaltada en el cielo.

Satanás era violento y orgulloso.

(Ver Ezequiel 28:12-19).

Saúl, El rey

Dios usó profetas para que sean sus portavoces y así guiar a su pueblo Israel. Pero llegó el momento en que la gente ya no quería que un profeta los guiara. Ellos querían un rey para que pudieran ser como todas las naciones circundantes. Esto hizo que el profeta Samuel se dirigiera a Dios con la petición del pueblo de un rey humano, lo que significaba que estaban rechazando a Dios, su Rey

---

17. Ver Job 1:6-12; 2:1-7; Zacarías 3:1-2; Mateo 4:1-11; Lucas 22:31; 2 Corintios 11:14; 1 Pedro 5:8; Apocalipsis 12:9; 1 Juan 3:8; Hebreos 2:14; Santiago 4:7.

divino. Dios permitió que se les concediera la petición, pero advirtió al pueblo acerca de los peligros de elegir un rey humano. El hombre que Dios escogió para ser el primer rey sobre su pueblo fue Saúl, hijo de Cis, de la tribu de Benjamín. Saúl era alto y bien parecido, pero no obedecía a Dios. Cuando persistió la desobediencia de Saúl, Dios escogió a David, el hijo de Isaí, para que lo reemplazara. Saúl murió al suicidarse cayendo sobre su propia espada en una batalla con los filisteos (ver 1 Samuel 8:5; 9:1-2; 31:1-6).

Una lección de Saúl para la vida

Hacer las cosas a la manera de Dios

La desobediencia de Saúl le costó el trono, y sus celos hacia David lo transformaron en un ser obsesionado y en un asesino. Esto nos sirve como una triste ilustración de las consecuencias del pecado y el fracaso por no cumplir con los estándares de Dios. Saúl no estaba dispuesto a hacer las cosas a la manera Dios. Siempre tenía una "mejor idea" y estaba lleno de excusas. Dios no quiere ideas creativas cuando se trata de obediencia; tampoco quiere excusas ni racionalizaciones. Dios quiere obediencia completa; quiere que las cosas se hagan a su manera.

Seol

El término hebreo para Seol es *sheól*, que significa "hoyo" o "sepulcro", y describe la antigua concepción israelita de una existencia que sigue después de la muerte. Se asocia con la oscuridad, la tumba y la muerte. Jacob fue el primero en mencionar el Seol de esta manera. Al pensar que su hijo José estaba muerto, Jacob rasgó sus ropas por el dolor y dijo que bajaría al Seol en duelo por su hijo. David escribió del Seol en un famoso salmo que se cumplió en la resurrección de Jesús. David también creyó que era posible morir e ir al Seol en paz.

El Antiguo Testamento también se refiere a gente malvada que baja al Seol (ver Génesis 37:35; Salmos 16:10; 1 Reyes 2:6).

Sinagoga

Una sinagoga es el lugar de reunión donde los judíos se congregan para adorar, orar y leer las Escrituras. Cuando el templo fue destruido por el rey Nabucodonosor y los judíos fueron exiliados a Babilonia, necesitaron de un lugar para reunirse, para celebrar los sábados y las fiestas. La mayoría de los estudiosos creen que las sinagogas se desarrollaron durante este período. Sea cuando sea y por quien sea que hayan comenzado, en los tiempos de Jesús, las sinagogas ya habían sido usadas para la adoración durante largo tiempo. Los Evangelios indican que Jesús enseñó en las sinagogas. Lucas dijo que el apóstol Pablo también enseñaba en las sinagogas. Las sinagogas todavía se usan entre los judíos hoy en día como lugares públicos de adoración (ver Mateo 4:23; Hechos 13:14-16; 14:1).

Sinaí, Monte

También conocido como monte Horeb, el monte Sinaí fue el lugar donde Dios primero habló con Moisés a través de la zarza ardiente; donde Moisés llevó al pueblo de Israel después de que Dios los liberó de la esclavitud en Egipto, y donde Dios le dio a Moisés la ley para su pueblo, incluyendo los Diez Mandamientos. Moisés pasó mucho tiempo en el monte Sinaí, y Dios hablaba con él allí. De hecho, después de que Moisés hablaba con Dios en el monte Sinaí, su rostro resplandecía tan brillantemente que tenía que usar un velo cuando volvía de la montaña para poder hablar con el pueblo de Dios (ver Éxodo 3:1-2; 19:2; 34:29-35).

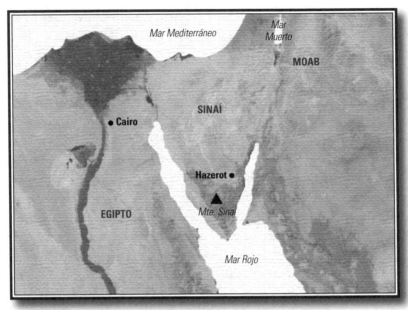

Mar Mediterráneo

Mar Muerto

MOAB

SINAÍ

• Cairo

Hazerot •

EGIPTO

Mte. Sinaí

Mar Rojo

Región del monte Sinaí

Sion

Sion era el nombre de la colina en la ciudad de Jerusalén que David capturó de los jebuseos. Salmos 2:6 describe a Sion como el monte santo de Dios. El término *Sion* también se usa, a veces, para referirse a toda la nación de Israel. Sion fue vista como el hogar del pueblo judío y, especialmente, durante el exilio y a través de la dispersión del pueblo, fue vista como sinónimo de Jerusalén. La frase "hija de Sion" se refiere a los cautivos judíos llevados a Babilonia.

Cuando la gente usa el término sionista hoy en día, se refieren a alguien que cree que el pueblo judío tiene derecho a la tierra de Israel, porque Dios se la había prometido como herencia eterna a Abraham hace mucho tiempo (ver 2 Samuel 5:7; Salmos 102:13; Isaías 1:27; Lamentaciones 4:22; Génesis 15:18-21).

T

Tabernáculo

El tabernáculo era la morada que el pueblo de Israel hizo para Dios, por su mandato, mientras estaban en el desierto en su viaje a la Tierra Prometida. Tenía un atrio exterior con un altar de holocaustos y una fuente, en su interior estaban el lugar santo y el lugar santísimo. En el lugar santo estaban el candelero, la mesa para el pan de la proposición y el altar del incienso. Separado del lugar santo por un velo, estaba el lugar santísimo a donde podía entrar el sumo sacerdote una vez al año; cualquier otra persona que entrara moriría. En el lugar santísimo estaba el arca del pacto.

El tabernáculo era el lugar donde las actividades sacerdotales se realizaban en nombre del pueblo, y donde Dios se comunicaba con su pueblo. El tabernáculo simbolizaba la decisión final de Dios de bajar a la tierra en forma de hombre para morar entre ellos y salvarlos de sus pecados (ver Éxodo 25:8-9; Juan 1:14).

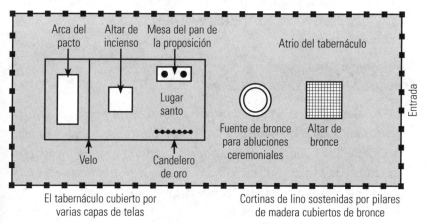

Plano del tabernáculo

Templo

El rey Salomón hizo construir el primer templo siguiendo el modelo del tabernáculo. El tabernáculo mismo fue llamado "el templo del Señor". Los materiales para la construcción del primer templo fueron proporcionados por el rey David, pero su hijo Salomón fue quien lo construyó. El templo fue construido en el monte Moriah, donde Dios había ordenado a Abraham que ofreciera en sacrificio a su hijo Isaac. El primer templo fue destruido por Nabucodonosor en 586 a.c., cuando el pueblo judío fue llevado al exilio. Un nuevo templo fue construido unos 70 años más tarde, cuando muchos de los exiliados regresaron. Más de 400 años más tarde, este segundo templo fue reformado significativamente por Herodes el Grande, un gobernante nombrado por los romanos que quería ganarse el favor de sus súbditos judíos (ver Génesis 22:2; 2 Crónicas 2—3; Esdras 6:13-18).

Jesús usó el templo como una metáfora para su propio cuerpo cuando profetizó su muerte y resurrección. También profetizó la destrucción del templo por los romanos en el 70 d.C. Cuando Jesús murió en la cruz, el velo en el templo que separaba el lugar santo del lugar santísimo fue rasgado de arriba a abajo, simbolizando que ahora era posible para el hombre reconciliarse con Dios. La Biblia también habla de un futuro templo milenial (ver Ezequiel 40:5—42:20). (Ver Juan 2:19-22; Marcos 13:1-2; Mateo 27:51).

Tesalónica

Tesalónica era una ciudad importante en la antigua Macedonia, situada en la parte noroeste del Mar Egeo, sobre la carretera principal este-oeste que conduce a Roma. Fue construida originalmente por Casandro de Macedonia en 315 a.C., quien le puso ese nombre a la ciudad en honor a su esposa, la hija del rey Filipo.

El apóstol Pablo, en su segundo viaje, visitó primero Tesalónica y testificó a judíos y griegos en una sinagoga allí, razonando de las

Escrituras con ellos acerca de que Jesús era el Mesías. Después de establecer una iglesia en Tesalónica, Pablo les escribió dos cartas, que son dos libros de la Biblia, 1 y 2 Tesalonicenses (ver Hechos 17:1-4).

Tesalónica

Timoteo

El Nuevo Testamento habla de un discípulo en Listra llamado Timoteo (que significa "honrado por Dios"). Era el hijo de una mujer judía creyente y padre griego. También fue muy bien recomendado por las personas en las iglesias de Listra e Iconio (ver Hechos 16:1-2).

Pablo quería que Timoteo viajara con él como su compañero misionero, por lo que lo llevó como asistente. Timoteo es mencionado como un compañero de viaje en el resto del libro de Hechos. Pablo se refirió a él como un "colaborador", un "hijo amado y fiel en el Señor", sinceramente interesado en los filipenses y un "verdadero hijo en la fe". Pablo escribió varias de sus cartas con Timoteo presente, y también le escribió dos cartas directamente a él mientras pastoreaba la iglesia en Éfeso, instruyéndole sobre los líderes y el com-

Tribulación

portamiento en la iglesia. Pablo amaba profundamente a Timoteo, y lo valoraba altamente como un colaborador en la tarea de difundir el evangelio (ver Romanos 16:21; 1 Corintios 4:17; Filipenses 2:19-20; 1 Timoteo 1:2).

Una lección de Timoteo para la vida

¿Qué es realmente importante?

Pablo vio al joven Timoteo como su hijo en la fe y actuó como su mentor, ayudándole a crecer espiritualmente y animándolo en lo que era importante en el servicio a Dios. El consejo de Pablo a Timoteo es para ti hoy en día como lo fue para él siglos atrás: "Ninguno tenga en poco tu juventud, sino sé ejemplo de los creyentes en palabra, conducta, amor, espíritu, fe y pureza" (1 Timoteo 4:12).

Tribulación

En la Biblia, el término "tribulación" puede referirse a una de estas dos cosas:

Tribulaciones en general. La Biblia a menudo habla de tiempos de tribulación en el sentido de problemas que experimentamos en general. Por ejemplo, el apóstol Pablo escribió que debemos "gloriarnos en las tribulaciones" debido al crecimiento espiritual que tales dificultades producen. Jesús también animó a la iglesia en Esmirna durante su tiempo de "tribulación" o sufrimiento, prometiendo a la gente allí que su tribulación duraría solo diez días (ver Romanos 5:3-4; Apocalipsis 2:9-10).

La gran tribulación. Jesús dijo que un día habrá una gran tribulación de una magnitud e intensidad que no se ha visto desde el principio del mundo ni jamás será vista nuevamente. Este período, conocido como la gran tribulación, se describe en detalle en el libro de Apocalipsis y terminará con Jesús lanzando a Satanás en el lago de fuego (ver Mateo 24:21-22; Apocalipsis 7:14; 20:10).

Tribus de Israel, Doce

Las 12 tribus de Israel vienen de los 12 hijos de Jacob, que fue llamado *Israel* por Dios en Génesis 32:24-32. Los 12 hijos, o tribus, son:

Rubén. Su nombre significa "ved, un hijo" y era el primogénito de los 12 hijos de Jacob; su madre fue Lea. Ella le dio este nombre porque Dios vio que Jacob no la amaba tanto como a Raquel, así que le dio un hijo. De niño, Rubén causó tensiones entre Lea y Raquel. Más tarde, cuando el undécimo hijo de Jacob, José, habló a sus hermanos acerca de los sueños en que sus hermanos se inclinarían ante él, algunos de ellos inventaron un plan para matarlo (ver Génesis 29:30-32; 30:14-16; 37:1-11, 18). Sin embargo, Rubén, debido a su naturaleza protectora, impidió a los otros hermanos llevar a cabo su plan. En su lugar, les dijo que lanzaran a José a un pozo, planeando secretamente rescatarlo más tarde para llevarlo de vuelta a su padre. Sin embargo, su plan fracasó, ya que los otros hermanos decidieron vender a José como esclavo. Cuando Rubén regresó y no vio a José en el pozo, rasgó sus vestidos por el dolor.

Años más tarde, cuando Rubén y sus hermanos fueron capturados en Egipto mientras trataban de comprar comida, Rubén recordó a sus hermanos conspiradores que les había advertido de no herir al joven José, y les dijo que su captura fue el pago por su pecado. ¡Esto fue antes de que los hermanos se dieran cuenta de que su captor era José mismo!

Antes de que los hermanos hicieran el viaje a Egipto, Rubén prometió a su padre, Jacob, que protegería al hijo menor de Jacob, Benjamín (ver Génesis 37:18-22, 25-29; 42:22, 37).

Simeón. Su nombre significa "oído" y fue el segundo hijo de Jacob y Lea. Ella le dio el nombre de Simeón porque Dios "oyó" que ella no era amada, y le dio otro hijo. Estaba entre los hermanos conspiradores que primero habían planeado matar a José, pero que luego lo vendieron como esclavo.

Leví. Su nombre significa "unión" y fue el tercer hijo de Jacob y Lea. Ella le dio ese nombre porque pensó que este nacimiento haría que su esposo se uniera más a ella. Moisés y Aarón y muchas otras personas prominentes vienen de la línea de Leví. El sacerdocio israelita también vino de los "hijos de Leví" (ver Éxodo 2:1-2; Deuteronomio 21:5).

Judá. Su nombre significa "alabado" y fue el cuarto hijo de Jacob y Lea. Su madre alabó a Dios por su nacimiento. Jacob bendijo a Judá, indicando que de su tribu venía un rey y líder, Jesucristo, diciendo:

Judá, te alabarán tus hermanos; tu mano en la cerviz de tus enemigos… No será quitado el cetro de Judá… hasta que venga Siloh; y a él se congregarán los pueblos (Génesis 49:8,10).

Isacar. Su nombre significa "premio" y fue el quinto hijo de Jacob y Lea. Jacob dijo que él sería "un asno fuerte" (ver Génesis 49:14).

Zabulón. Su nombre significa "habitación" y fue el sexto hijo de Jacob y Lea. Jacob predijo que Zabulón moraría en un área que era beneficiosa debido a los viajeros que pasaban a través de su tierra (ver Génesis 49:13).

Dan. Su nombre significa "juzgado" y fue el primer hijo de Jacob nacido de la sierva de Raquel, Bilha. Raquel lo llamó Dan porque sentía que Dios la había juzgado correctamente al darle un hijo. Jacob profetizó que Dan juzgaría a su pueblo como una de las tribus de Israel. Sansón, el juez, era de la tribu de Dan (ver Génesis 49:16).

Neftalí. Su nombre significa "mi lucha" y fue el segundo hijo de

Raquel a través de su sierva Bilha. Ella le puso por nombre Neftalí debido a la "lucha" entre ella y su hermana con respecto a la maternidad. Jacob profetizó que Neftalí sería una fuerza militar marcada por la velocidad y el poder (ver Génesis 49:21).

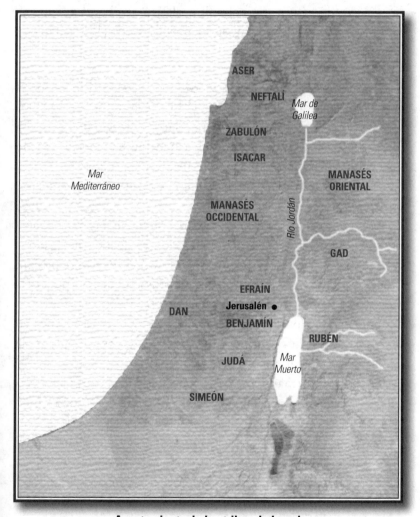

Asentamiento de las tribus de Israel

La tribu de Leví no recibió una porción de la tierra, pero en cambio, se le dio ciudades para habitar (ver Josué 14:3-4).

Gad. Su nombre significa "fortuna" y fue el primer hijo nacido de la sierva de Lea, Zilpa. Jacob, su padre, dijo que Gad y su tribu se convertirían en valientes guerreros dignos de sus victorias (ver Génesis 49:19).

Aser. Su nombre significa "dichoso" y fue el segundo hijo nacido de la sierva de Lea, Zilpa, y Jacob profetizó de él que su tribu se enriquecería produciendo alimentos especiales para el comercio (ver Génesis 49:20).

José. Su nombre significa "va a añadir" o "puede añadir", y fue el primer hijo nacido de Raquel. Era el hijo favorito de Jacob de los 11 hijos que tenía hasta ese momento. Jacob le regaló una hermosa túnica multicolor, lo que provocó los celos de sus hermanos. Cuando José compartió con sus hermanos los sueños en que todos le servirían, estos se enojaron aún más; estaban tan trastornados que lo vendieron como esclavo.

José fue vendido a Potifar en Egipto, y se convirtió en su esclavo. Aunque José sirvió bien a Potifar, las acciones y acusaciones injustas de la esposa de Potifar condujeron a que José fuera enviado a prisión. Mientras estaba en la cárcel, tuvo la oportunidad de interpretar los sueños de Faraón, y como resultado llegó a ser al segundo al mando de todo Egipto. José había predicho un hambre de siete años en la tierra y había almacenado granos para preservar a Egipto de la hambruna y, por supuesto, la hambruna llegó.

Cuando los hermanos de José viajaron de Canaán a Egipto para comprar grano durante la hambruna, José los engañó aprovechando el hecho de que no lo reconocieron. José los acusó de ser espías. Pero más tarde reveló su identidad, y perdonó a sus hermanos, señalando que aunque le habían hecho daño, Dios había usado su mal para bien, haciendo posible que José se convirtiera en un líder en Egipto y almacenara granos que salvarían a muchas personas de la hambruna, incluyendo a la familia de Jacob. Antes de que Jacob muriera, le dio a José una muy extensa bendición (ver Génesis 50:20; 49:22-26).

Benjamín. Raquel yacía moribunda mientras daba a luz a su hijo al cual llamó Benoni (que significa "hijo de mi dolor") con su último aliento. Pero Jacob, su padre, lo llamó Benjamín, que significa "hijo de la mano derecha" o "hijo del sur".

Cuando José estaba sin manifestarse a sus hermanos y acusándolos de ser espías, quería que demostraran que eran hombres inocentes por traerle a Benjamín a Egipto. Entonces se reveló a sus hermanos, el engaño había terminado, y los hermanos fueron perdonados por lo que habían hecho a José.

Jacob profetizó que Benjamín sería como un lobo que devora a la presa y reparte el botín. Aunque no se nos dice mucho acerca del propio Benjamín, este versículo predecía que la descendencia de Benjamín sería muy agresiva. El primer rey de Israel, Saúl, era de la tribu de Benjamín, así como el apóstol Pablo (ver Génesis 35:18-19; 49:27).

U

Unción

Para ungir a alguien en los tiempos bíblicos el procedimiento era tomar un frasco de aceite y verterlo sobre la persona. Usualmente esto se hacía para designar a una persona como separada y consagrada por Dios para un propósito santo.

La Biblia habla de muchos "ungidos". Los hijos de Aarón fueron sacerdotes ungidos. Samuel ungió a Saúl y a David cuando fueron nombrados reyes sobre Israel. Además, cuando David estaba huyendo de Saúl, reconoció el estatus de Saúl como rey y se negó a matarlo porque Saúl era "el ungido de Jehová". Por haber sido usado por Dios, el rey Ciro de Persia también fue llamado "ungido" de Dios (ver Números 3:3; 1 Samuel 10:1; 16:13; 24:6, 10; 26:9, 11-23; Isaías 45:1).

Algunas personas y objetos ungidos en las Escrituras

Sumos Sacerdotes: Éxodo 29:7, 29

Sacerdotes: Éxodo 28:41

Saúl: 1 Samuel 9:16

David: 1 Samuel 16:3, 12

Salomón: 1 Reyes 1:39

Jehú: 1 Reyes 19:16

Hazael: 1 Reyes 19:15

Joiada: 2 Reyes 11:12

> Joacaz: 2 Reyes 23:30
> Ciro: mencionado como ungido en Isaías 45:1
> Profetas: 1 Reyes 19:16
> El tabernáculo: Éxodo 30:26
> El altar en el tabernáculo: Éxodo 30:26-28
> Los utensilios del tabernáculo: Éxodo 30:27-28

Ungido, El

La expectativa del Ungido, el Mesías, se encuentra en todas las Escrituras hebreas. El término *Mesías* (hebreo *mashiakj*, que significa "ungido") aparece en el Antiguo Testamento en Daniel 9:25-26. Muchos profetas del Antiguo Testamento hablaron de alguien que iba a nacer en este mundo, traer la paz, gobernar a todo Israel, salvar al pueblo y al resto del mundo de sus pecados. De hecho, muchos intérpretes han visto esto desde Génesis 3:15, creyendo que ese versículo es una profecía del Mesías, el Ungido. En el Nuevo Testamento, la palabra griega *jristós,* Cristo, es una traducción del *mashiakj* hebreo, o Mesías. Como ahora sabemos, Jesús era el Cristo, el Mesías, el Ungido (ver Daniel 9:25-26; Isaías 7:14; 9:6; Isaías 2, 11, 53; Miqueas 5:2).

V

Vestidos

Ver *Ropa de la Biblia.*

Viajes en los tiempos bíblicos

Viajes por tierra. En los tiempos bíblicos, la mayoría de los viajes por tierra se hacían a pie. Moisés guió al pueblo de Israel a pie mientras viajaban por el desierto, y la mayoría de los soldados caminaban hacia donde necesitaban ir. Jesús y sus discípulos viajaban regularmente a pie. Viajar a pie, sin embargo, era arriesgado, porque los bandidos y los ladrones siempre estaban listos para emboscar a los viajeros desprevenidos. Normalmente una persona podía caminar unos 30 kilómetros al día, y probablemente habría tardado unos días en recorrer toda la longitud norte-sur de Israel. Hoy en día, se puede conducir fácilmente la longitud de Israel en unas pocas horas, dependiendo de la velocidad del vehículo.

Los burros también eran ampliamente usados en los tiempos bíblicos para viajar. Probablemente el ejemplo más famoso es Balaam y su burro que habló. Las mulas también se utilizaban para viajar. Absalón, hijo de David, estaba montado en una mula cuando pasó bajo las espesas ramas de un gran árbol, causando que se quedara atascado en las ramas. Los caballos no se mencionan como un medio de transporte hasta después de que Israel se dividió en dos reinos, lo que significa que no eran de uso común hasta ese momento. El carro, cuadriga, apareció a principios de los años 1000 a.C., y su conveniencia para viajar fue marcada por su diseño relativamente simple. Tenía una rueda grande en cada lado de su cuerpo y era tirada generalmente por dos caballos. El oficial de la corte de la reina de los etíopes viajaba de regreso a casa en un carro cuando Felipe compartió el evangelio de Cristo con él. El carro era común en las antiguas batallas de Oriente Medio (ver Números 22:22-30; 2 Samuel 18:9; Hechos 8:26-39).

Viajes por mar. Los viajes marítimos no eran comunes entre los antiguos israelitas. Sabemos, sin embargo, que Salomón hizo uso de naves como medio de comercio, y el profeta Jonás pudo viajar por mar a Tarsis. En el Nuevo Testamento, Jesús y sus discípulos (la mayoría de los cuales eran pescadores) usaron barcos para moverse por el mar de Galilea, donde Jesús realizó algunos de sus milagros. Pablo y sus compañeros también hicieron viajes marítimos para llegar a algunos de sus destinos, y en una ocasión terminaron naufragando en la isla de Malta. Los romanos, por supuesto, eran marineros expertos, pero viajar por mar nunca fue tarea fácil (ver 1 Reyes 10:22; Jonás 1:1-3; Mateo 8:18-27; Hechos 27:14—28:10).

Viviendas en la Biblia

A lo largo de toda la Biblia leemos de diferentes clases de viviendas en las que la gente habitaba. Algunos encontraron refugio y seguridad en cuevas. Las tiendas de campaña eran un hogar prominente y portátil para muchos, incluidos los peregrinos y los nómadas (los patriarcas y los hijos errantes de Israel eran habitantes de tiendas de campaña). Las casas en el antiguo Cercano Oriente eran otra forma de vivienda y muchas veces eran de ladrillo o piedras, con vigas de sicómoro que estaban encaladas. Las casas más grandes eran construidas en forma cuadrangular con un patio, y tenían a menudo una azotea plana con una pared protectora baja. Tales techos fueron utilizados para propósitos sociales, especialmente durante las noches frescas de verano.

Dondequiera que el pueblo de Dios vive hoy en día, la esperanza y el deseo de su corazón es vivir en la casa de Jehová para siempre (ver Salmos 23:6).

Z

Zacarías (padre de Juan el Bautista)

Zacarías era un sacerdote de la clase de Abías. Él y su esposa Elisabet (ver *Elisabet*) no tenían hijos, y en el momento en que los encontramos en la Biblia, Elisabet era de edad avanzada y estéril. Un día, mientras Zacarías llevaba a cabo tareas sacerdotales en el templo, el ángel Gabriel se le apareció y dijo que Elisabet tendría un hijo llamado Juan, que predicaría el arrepentimiento y sería el precursor del Mesías. Zacarías no creyó lo que el ángel Gabriel le dijo, pues él y su esposa eran demasiado viejos como para tener hijos. Gabriel le dijo a Zacarías que él era un ángel que había venido a su presencia de parte de Dios y venía a traerle esas buenas noticias. Gabriel también le dijo que debido a que no creyó en lo que le decía, no podría hablar hasta que naciera el niño. Desde luego, al salir del templo, después de haber cumplido sus tareas, Zacarías no podía hablar, y solo trataba de explicar por medio de señas lo que le había ocurrido (ver Lucas 1:5-23).

Después de esto, Zacarías y Elisabet tuvieron un hijo, sus vecinos y amigos pensaban que debía ser llamado como su padre. Pero Elisabet insistió en que su nombre fuera Juan, tal como el ángel había instruido a Zacarías. Los vecinos y amigos argumentaron que nadie entre sus parientes tenía ese nombre, hasta que finalmente al preguntarle a Zacarías él escribió en una tablilla: "Juan es su nombre" e inmediatamente Dios abrió la boca de Zacarías permitiéndole hablar de nuevo, y este comenzó a alabar a Dios y a profetizar (ver Lucas 1:57-79).

━━━━━━ Una lección de Zacarías para la vida ━━━━━━

Fidelidad a pesar de las circunstancias

Al igual que Abraham y Sara, Zacarías y Elisabet eran de edad avanzada y más allá de la edad normal para tener hijos cuando ella quedó embarazada. Pero con Dios, todas las cosas son posibles. Zacarías tuvo que aprender de la manera difícil que la incredulidad tiene un precio. Pero cuando Dios volvió a abrir su boca, él respondió en alabanza, sabiendo que este fue un acontecimiento trascendental para Israel. ¿Cuáles son algunas lecciones importantes que puedes aprender de Zacarías?

▶ Cuando no obtienes lo que quieres, usa tu energía y tus emociones para permanecer fiel a Dios en la situación que estás viviendo, como lo hicieron Zacarías y Elisabet. Ambos eran justos delante de Dios, andando en todos los mandamientos del Señor, e irreprensibles en su conducta y actitudes (ver Lucas 1:6).

▶ Créele a Dios cuando Él dice algo. Lo que lees en la Biblia es la verdad. No hagas lo que hizo Zacarías al cuestionar a Dios o dudar de su mensaje. Pon tu fe y confianza en la Palabra de Dios, aun cuando no la entiendas.

▶ Tu boca está destinada a ser usada más que para la comunicación verbal con los demás. También debes estar abierto a desbordar de alabanza. Después de nueve meses de ser incapaz de hablar, las primeras palabras de Zacarías confirmaron la elección de Dios para el nombre de su hijo, y luego comenzó una efusión de pura alabanza.

Zacarías (profeta)

Zacarías fue uno de los tres profetas (los otros dos son Hageo y Malaquías) que comunicaron su mensaje a los judíos que habían regresado a Jerusalén desde el exilio en Babilonia. Zacarías alentó a la gente a terminar de reconstruir el templo, que había sido iniciado por aquellos que habían regresado, pero luego había sido abandonado por negligencia. También habló del Mesías venidero, Jesús, quien rescataría a su pueblo y reinaría sobre toda la tierra. Zacarías escribió este mensaje en el libro que lleva su nombre. Los primeros ocho capítulos fueron escritos alrededor de 520-518 a.C., y los capítulos 9—14 fueron escritos alrededor de 480 a.C.

Profecías acerca de la venida de Cristo	
La primera venida de Cristo:	Zacarías 3:8
	Zacarías 9:9, 16
	Zacarías 11:11-13
La segunda venida de Cristo:	Zacarías 6:12
	Zacarías 12:10
	Zacarías 13:1, 6
	Zacarías 14:1-21

Zaqueo

Zaqueo era un hombre rico, jefe de recaudadores de impuestos y de pequeña estatura. Un día, cuando Jesús estaba pasando por Jericó, Zaqueo trató de ver a Jesús, pero no pudo, porque era demasiado pequeño de estatura como para verlo por encima de las multitudes. Así que subió a un árbol sicómoro para tener una mejor vista. Cuando Jesús pasó junto al árbol, miró a Zaqueo y le dijo que bajara, "porque hoy es necesario que pose yo en tu casa".

Zaqueo estaba encantado de recibir a Jesús en su casa, pero algunas personas se quejaron de la decisión de Jesús, diciendo que iba a la casa de un pecador. En aquellos días, era común que los recaudadores de impuestos se enriquecieran aprovechándose de la gente, y Zaqueo era culpable de hacer eso. Zaqueo se sentía culpable y le dijo a Jesús que daría la mitad de sus bienes a los pobres y devolvería cuatro veces lo que había tomado de alguien. Jesús vio la sinceridad de Zaqueo y le anunció que "hoy ha venido la salvación a esta casa; por cuanto él también es hijo de Abraham. Porque el Hijo del Hombre vino a buscar y a salvar lo que se había perdido" (ver Lucas 19:5-10).

Una lección de Zaqueo para la vida

Por qué vino Jesús

Jesús aparentemente tuvo un impacto tan profundo en Zaqueo que él le dijo a Jesús que cambiaría dramáticamente su camino. El comentario de Jesús de que Zaqueo "también es hijo de Abraham" demostró que Jesús no estaba interesado en buscar a personas piadosas que alardeaban de su justicia. En su lugar, Él estaba buscando a los perdidos, que reconocían su pecaminosidad y querían arrepentirse y volverse a Dios.

Zarza ardiente

Cuando Moisés cuidaba a las ovejas de su suegro en Madián, las condujo al desierto hasta el monte Horeb (también conocido como monte Sinaí). Allí encontró una zarza que ardía, pero que no se consumía por el fuego. Cuando Moisés se acercó para ver lo que estaba pasando, Dios lo llamó desde la zarza. Le dijo que se quitara las sandalias porque estaba pisando tierra santa. Entonces Dios le explicó que había oído el clamor del pueblo de Israel, quienes estaban en esclavitud en Egipto, y que iba a usarlo para enfrentar a Faraón y sacar a su pueblo de Egipto.

Moisés pensaba que no había manera en que Dios pudiera usarlo. "Entonces Moisés respondió a Dios: ¿Quién soy yo para que vaya a Faraón, y saque de Egipto a los hijos de Israel?" (ver Éxodo 3:11) Lo que le quería decir es "No, Dios. ¡Tienes al tipo equivocado!". Dios le aseguró a Moisés que estaría con él. Pero Moisés no estaba muy convencido de ser el hombre adecuado para el trabajo, incluso después de que Dios le capacitó para realizar milagros para mostrar a la gente la confirmación de que Dios le había enviado. Moisés quería que Dios enviara a otra persona, pero Dios se negó a hacerlo, permitiendo que solo Aarón, el hermano de Moisés, fuera con él. Finalmente, Moisés cumplió y se preparó para salir de Madián e ir a Egipto (ver Éxodo 3:1-21).

Una lección de la zarza ardiente para la vida

Detenerse, mirar y escuchar

La mente juega trucos divertidos a una persona en un ambiente desértico. Moisés vio algo que parecía una zarza ardiente, pero que no se consumía por las llamas. ¡Moisés había pasado 40 años en el desierto y nunca había visto nada como esto! Podía haber llegado a la conclusión de que era un espejismo o que estaba sufriendo de insolación, y regresar a su tienda. Pero lo sobrenatural llamó su atención y fue a investigar. Esta elección de caminar, acercarse y comprobar este extraño acontecimiento cambió por completo la vida de Moisés. Él nunca más volvió a ser la misma persona.

¿Está Dios queriendo hablarte a través de su Palabra o de un consejo sabio? ¿Estás dispuesto a tomar el tiempo para apartarte y escuchar su mensaje? ¿Qué hubiera pasado si Moisés no se hubiera detenido y hubiera vuelto para recibir la instrucción de Dios? Tal vez Dios habría encontrado a otra persona, y Moisés habría perdido la bendición. Sigue el ejemplo de Moisés: detente, mira y escucha lo que Dios tiene que decirte. ¡Te alegrarás de hacerlo!

Bosquejo simplificado de la historia del antiguo Israel

Algunos eruditos de la Biblia han sugerido diferentes fechas para los eventos más antiguos, como el éxodo, dependiendo de cómo interpretan la cronología bíblica:

c. 2000 a.C.	Dios llama a Abraham a ir a la Tierra Prometida (Canaán).
c. 1440	El pueblo de Israel sale de Egipto.
c. 1400	Josué lidera Israel en la conquista de Canaán.
Siglos XIII a XI a.C.	Tiempo de los jueces.
c. 1000	David hace de Jerusalén su capital, gobierna 40 años.
c. 971-931	Salomón gobierna por 40 años, construye el primer templo.
c. 931	Israel se divide en los reinos del norte y del sur.
722	Las diez tribus del norte son llevadas en cautiverio a Asiria.
605, 597, 586	Las tribus del sur son llevadas en cautiverio por Babilonia en tres etapas.
586	Jerusalén y el primer templo son destruidos por Babilonia.
c. 605-536	70 años de cautiverio en Babilonia.
516	El segundo templo es terminado por los judíos que regresaron del exilio.
445	Nehemías ayuda a reconstruir las murallas de Jerusalén.

332	Alejandro el Grande conquista Jerusalén.
170	Antíoco IV, rey seléucida de Siria, y sus soldados contaminan el templo.
165	Judas Macabeo dirige una revuelta contra los seléucidas; restaura, limpia y rededica el templo.
63	El emperador romano Pompeyo conquista Jerusalén, Israel bajo la dominación romana.
20	Herodes el Grande comienza a expandirse y a reconstruir ampliando el segundo templo, un proyecto que continúa durante los siguientes 70-80 años.
c. 3-0	Nace Jesús.
c. 30-33 d.C.	Jesús completa su ministerio: crucifixión, resurrección y ascensión al cielo.
70 d.C.	El general romano Tito destruye el segundo templo.
90 d.C.	El apóstol Juan termina el último libro del Nuevo Testamento.

Plan para leer la Biblia en un año

Febrero

Día	Lectura	Día	Lectura
☐ 1	Levítico 17—20	☐ 15	Números 24—26
☐ 2	Levítico 21—23	☐ 16	Números 27—29
☐ 3	Levítico 24—27	☐ 17	Números 30—32
☐ 4	Números 1—2	☐ 18	Números 33—36
☐ 5	Números 3—4	☐ 19	Deuteronomio 1—2
☐ 6	Números 5—6	☐ 20	Deuteronomio 3—4
☐ 7	Números 7—8	☐ 21	Deuteronomio 5—7
☐ 8	Números 9—10	☐ 22	Deuteronomio 8—10
☐ 9	Números 11—13	☐ 23	Deuteronomio 11—13
☐ 10	Números 14—15	☐ 24	Deuteronomio 14—16
☐ 11	Números 16—17	☐ 25	Deuteronomio 17—20
☐ 12	Números 18—19	☐ 26	Deuteronomio 21—23
☐ 13	Números 20—21	☐ 27	Deuteronomio 24—26
☐ 14	Números 22—23	☐ 28	Deuteronomio 27—28

Marzo

Día	Lectura	Día	Lectura
☐ 1	Deuteronomio 29—30	☐ 18	Rut
☐ 2	Deuteronomio 31—32	☐ 19	1 Samuel 1—3
☐ 3	Deuteronomio 33—34	☐ 20	1 Samuel 4—6
☐ 4	Josué 1—4	☐ 21	1 Samuel 7—9
☐ 5	Josué 5—7	☐ 22	1 Samuel 10—12
☐ 6	Josué 8—10	☐ 23	1 Samuel 13—14
☐ 7	Josué 11—14	☐ 24	1 Samuel 15—16
☐ 8	Josué 15—17	☐ 25	1 Samuel 17—18
☐ 9	Josué 18—21	☐ 26	1 Samuel 19—20
☐ 10	Josué 22—24	☐ 27	1 Samuel 21—23
☐ 11	Jueces 1—3	☐ 28	1 Samuel 24—26
☐ 12	Jueces 4—6	☐ 29	1 Samuel 27—29
☐ 13	Jueces 7—9	☐ 30	1 Samuel 30—31
☐ 14	Jueces 10—12	☐ 31	2 Samuel 1—3
☐ 15	Jueces 13—15		
☐ 16	Jueces 16—18		
☐ 17	Jueces 19—21		

Abril

Día	Lectura		Día	Lectura
☐ 1	2 Samuel 4—6		☐ 16	1 Reyes 19—20
☐ 2	2 Samuel 7—10		☐ 17	1 Reyes 21—22
☐ 3	2 Samuel 11—13		☐ 18	2 Reyes 1—3
☐ 4	2 Samuel 14—15		☐ 19	2 Reyes 4—6
☐ 5	2 Samuel 16—17		☐ 20	2 Reyes 7—8
☐ 6	2 Samuel 18—20		☐ 21	2 Reyes 9—11
☐ 7	2 Samuel 21—22		☐ 22	2 Reyes 12—14
☐ 8	2 Samuel 23—24		☐ 23	2 Reyes 15—17
☐ 9	1 Reyes 1—2		☐ 24	2 Reyes 18—19
☐ 10	1 Reyes 3—5		☐ 25	2 Reyes 20—22
☐ 11	1 Reyes 6—7		☐ 26	2 Reyes 23—25
☐ 12	1 Reyes 8—9		☐ 27	1 Crónicas 1—2
☐ 13	1 Reyes 10—12		☐ 28	1 Crónicas 3—5
☐ 14	1 Reyes 13—15		☐ 29	1 Crónicas 6—7
☐ 15	1 Reyes 16—18		☐ 30	1 Crónicas 8—10

Mayo

Día	Lectura		Día	Lectura
☐ 1	1 Crónicas 11—13		☐ 17	2 Crónicas 32—33
☐ 2	1 Crónicas 14—16		☐ 18	2 Crónicas 34—36
☐ 3	1 Crónicas 17—19		☐ 19	Esdras 1—4
☐ 4	1 Crónicas 20—22		☐ 20	Esdras 5—7
☐ 5	1 Crónicas 23—25		☐ 21	Esdras 8—10
☐ 6	1 Crónicas 26—27		☐ 22	Nehemías 1—4
☐ 7	1 Crónicas 28—29		☐ 23	Nehemías 5—8
☐ 8	2 Crónicas 1—4		☐ 24	Nehemías 9—10
☐ 9	2 Crónicas 5—7		☐ 25	Nehemías 11—13
☐ 10	2 Crónicas 8—10		☐ 26	Ester 1—3
☐ 11	2 Crónicas 11—14		☐ 27	Ester 4—7
☐ 12	2 Crónicas 15—18		☐ 28	Ester 8—10
☐ 13	2 Crónicas 19—21		☐ 29	Job 1—4
☐ 14	2 Crónicas 22—25		☐ 30	Job 5—8
☐ 15	2 Crónicas 26—28		☐ 31	Job 9—12
☐ 16	2 Crónicas 29—31			

Junio

Día	Lectura	Día	Lectura
☐ 1	Job 13—16	☐ 16	Salmos 51—56
☐ 2	Job 17—20	☐ 17	Salmos 57—63
☐ 3	Job 21—24	☐ 18	Salmos 64—69
☐ 4	Job 25—30	☐ 19	Salmos 70—74
☐ 5	Job 31—34	☐ 20	Salmos 75—78
☐ 6	Job 35—38	☐ 21	Salmos 79—85
☐ 7	Job 39—42	☐ 22	Salmos 86—90
☐ 8	Salmos 1—8	☐ 23	Salmos 91—98
☐ 9	Salmos 9—17	☐ 24	Salmos 99—104
☐ 10	Salmos 18—21	☐ 25	Salmos 105—107
☐ 11	Salmos 22—28	☐ 26	Salmos 108—113
☐ 12	Salmos 29—34	☐ 27	Salmos 114—118
☐ 13	Salmos 35—39	☐ 28	Salmos 119
☐ 14	Salmos 40—44	☐ 29	Salmos 120—134
☐ 15	Salmos 45—50	☐ 30	Salmos 135—142

Julio

Día	Lectura	Día	Lectura
☐ 1	Salmos 143—150	☐ 17	Isaías 5—8
☐ 2	Proverbios 1—3	☐ 18	Isaías 9—12
☐ 3	Proverbios 4—7	☐ 19	Isaías 13—15
☐ 4	Proverbios 8—11	☐ 20	Isaías 16—20
☐ 5	Proverbios 12—15	☐ 21	Isaías 21—24
☐ 6	Proverbios 16—18	☐ 22	Isaías 25—28
☐ 7	Proverbios 19—21	☐ 23	Isaías 29—32
☐ 8	Proverbios 22—24	☐ 24	Isaías 33—36
☐ 9	Proverbios 25—28	☐ 25	Isaías 37—40
☐ 10	Proverbios 29—31	☐ 26	Isaías 41—43
☐ 11	Eclesiastés 1—4	☐ 27	Isaías 44—46
☐ 12	Eclesiastés 5—8	☐ 28	Isaías 47—49
☐ 13	Eclesiastés 9—12	☐ 29	Isaías 50—52
☐ 14	Cantares 1—4	☐ 30	Isaías 53—56
☐ 15	Cantares 5—8	☐ 31	Isaías 57—60
☐ 16	Isaías 1—4		

Agosto

Día	Lectura
1	Isaías 61—63
2	Isaías 64—66
3	Jeremías 1—3
4	Jeremías 4—6
5	Jeremías 7—9
6	Jeremías 10—12
7	Jeremías 13—15
8	Jeremías 16—19
9	Jeremías 20—22
10	Jeremías 23—25
11	Jeremías 26—29
12	Jeremías 30—31
13	Jeremías 32—34
14	Jeremías 35—37
15	Jeremías 38—40
16	Jeremías 41—44
17	Jeremías 45—48
18	Jeremías 49—50
19	Jeremías 51—52
20	Lamentaciones 1—2
21	Lamentaciones 3—5
22	Ezequiel 1—4
23	Ezequiel 5—8
24	Ezequiel 9—12
25	Ezequiel 13—15
26	Ezequiel 16—17
27	Ezequiel 18—20
28	Ezequiel 21—23
29	Ezequiel 24—26
30	Ezequiel 27—29
31	Ezequiel 30—31

Septiembre

Día	Lectura
1	Ezequiel 32—33
2	Ezequiel 34—36
3	Ezequiel 37—39
4	Ezequiel 40—42
5	Ezequiel 43—45
6	Ezequiel 46—48
7	Daniel 1—2
8	Daniel 3—4
9	Daniel 5—6
10	Daniel 7—9
11	Daniel 10—12
12	Oseas 1—4
13	Oseas 5—9
14	Oseas 10—14
15	Joel
16	Amós 1—4
17	Amós 5—9
18	Abdías y Jonás
19	Miqueas 1—4
20	Miqueas 5—7
21	Nahúm
22	Habacuc
23	Sofonías
24	Hageo
25	Zacarías 1—4
26	Zacarías 5—9
27	Zacarías 10—14
28	Malaquías
29	Mateo 1—4
30	Mateo 5—7

Octubre

Día	Lectura	Día	Lectura
☐ 1	Mateo 8—9	☐ 17	Marcos 14
☐ 2	Mateo 10—11	☐ 18	Marcos 15—16
☐ 3	Mateo 12—13	☐ 19	Lucas 1—2
☐ 4	Mateo 14—16	☐ 20	Lucas 3—4
☐ 5	Mateo 17—18	☐ 21	Lucas 5—6
☐ 6	Mateo 19—20	☐ 22	Lucas 7—8
☐ 7	Mateo 21—22	☐ 23	Lucas 9—10
☐ 8	Mateo 23—24	☐ 24	Lucas 11—12
☐ 9	Mateo 25—26	☐ 25	Lucas 13—14
☐ 10	Mateo 27—28	☐ 26	Lucas 15—16
☐ 11	Marcos 1—3	☐ 27	Lucas 17—18
☐ 12	Marcos 4—5	☐ 28	Lucas 19—20
☐ 13	Marcos 6—7	☐ 29	Lucas 21—22
☐ 14	Marcos 8—9	☐ 30	Lucas 23—24
☐ 15	Marcos 10—11	☐ 31	Juan 1—3
☐ 16	Marcos 12—13		

Noviembre

Día	Lectura	Día	Lectura
☐ 1	Juan 4—5	☐ 16	Hechos 16—17
☐ 2	Juan 6—7	☐ 17	Hechos 18—19
☐ 3	Juan 8—9	☐ 18	Hechos 20—21
☐ 4	Juan 10—11	☐ 19	Hechos 22—23
☐ 5	Juan 12—13	☐ 20	Hechos 24—26
☐ 6	Juan 14—16	☐ 21	Hechos 27—28
☐ 7	Juan 17—19	☐ 22	Romanos 1—3
☐ 8	Juan 20—21	☐ 23	Romanos 4—6
☐ 9	Hechos 1—3	☐ 24	Romanos 7—9
☐ 10	Hechos 4—5	☐ 25	Romanos 10—12
☐ 11	Hechos 6—7	☐ 26	Romanos 13—14
☐ 12	Hechos 8—9	☐ 27	Romanos 15—16
☐ 13	Hechos 10—11	☐ 28	1 Corintios 1—4
☐ 14	Hechos 12—13	☐ 29	1 Corintios 5—7
☐ 15	Hechos 14—15	☐ 30	1 Corintios 8—10

Diciembre

Día	Lectura		Día	Lectura
☐ 1	1 Corintios 11—13		☐ 17	Hebreos 1—4
☐ 2	1 Corintios 14—16		☐ 18	Hebreos 5—8
☐ 3	2 Corintios 1—4		☐ 19	Hebreos 9—10
☐ 4	2 Corintios 5—9		☐ 20	Hebreos 11—13
☐ 5	2 Corintios 10—13		☐ 21	Santiago
☐ 6	Gálatas 1—3		☐ 22	1 Pedro
☐ 7	Gálatas 4—6		☐ 23	2 Pedro
☐ 8	Efesios 1—3		☐ 24	1 Juan
☐ 9	Efesios 4—6		☐ 25	2 y 3 Juan, Judas
☐ 10	Filipenses		☐ 26	Apocalipsis 1—3
☐ 11	Colosenses		☐ 27	Apocalipsis 4—8
☐ 12	1 Tesalonicenses		☐ 28	Apocalipsis 9—12
☐ 13	2 Tesalonicenses		☐ 29	Apocalipsis 13—16
☐ 14	1 Timoteo		☐ 30	Apocalipsis 17—19
☐ 15	2 Timoteo		☐ 31	Apocalipsis 20—22
☐ 16	Tito y Filemón			

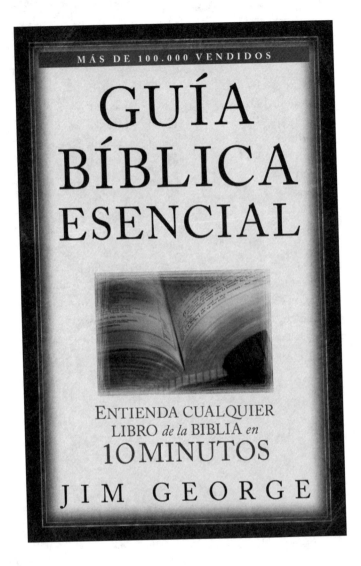

GUÍA BÍBLICA ESENCIAL

ENTIENDA CUALQUIER
LIBRO *de la* BIBLIA *en*
10 MINUTOS

JIM GEORGE

La guía bíblica esencial es el recurso perfecto para una visión rápida y útil de cada libro de la Biblia. Aquí descubrirá…

- El tema principal y los puntos más destacados de cada libro
- Los hombres y mujeres clave de Dios y lo que puede aprender de ellos
- Los principales sucesos de la historia de la Biblia y su significado
- Aplicaciones simples y personales para el crecimiento espiritual y la vida diaria

Encontrará que esta es una guía clara, práctica y fascinante que merece la pena tener a mano cerca de su Biblia en todo momento. Excelente para todo aquel que quiera saber más sobre la Biblia y tener una mayor relación con la Palabra de Dios.

GUÍA DE **BIOGRAFÍAS**
BÍBLICAS

Conozca
a los hombres
y las mujeres
de la Biblia
en 10 minutos

J I M   G E O R G E

AUTOR DE *GUÍA BÍBLICA ESENCIAL*

¡De la pluma del autor del éxito de librería *Guía bíblica esencial* llega un fascinante estudio de 50 hombres y mujeres excepcionales de la Biblia!

Aunque los hombres y mujeres de la Biblia vivieron hace siglos, las lecciones que podemos aprender de ellos son poderosamente relevantes hoy día. Sus vidas nos recuerdan que a Dios le complace llevar a cabo obras extraordinarias a través de gente normal y corriente.

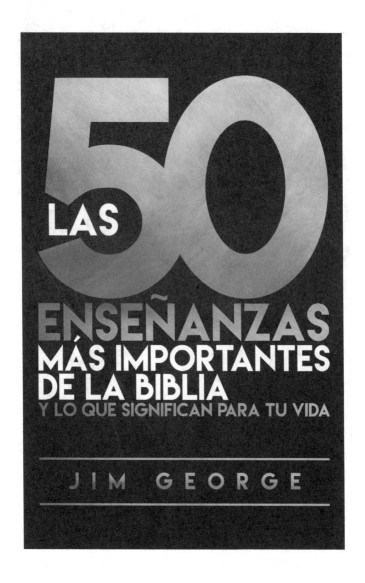

LAS
50
ENSEÑANZAS
MÁS IMPORTANTES
DE LA BIBLIA
Y LO QUE SIGNIFICAN PARA TU VIDA

JIM GEORGE

Jim George, autor de varios grandes éxitos de librería, expone 50 enseñanzas clave que abordan los elementos más esenciales de la fe, incluyendo: la Biblia es el manual definitivo para la vida, Dios está aquí y no guarda silencio y el Espíritu Santo es el arma secreta de todo cristiano.

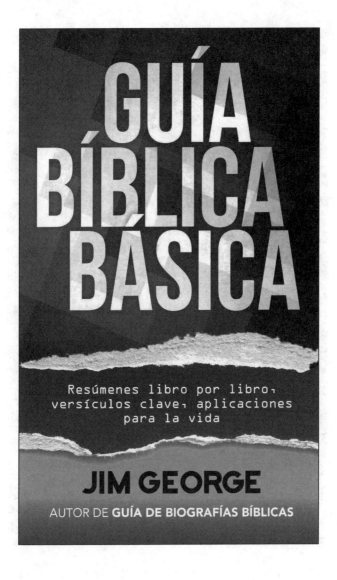

GUÍA BÍBLICA BÁSICA

Resúmenes libro por libro,
versículos clave, aplicaciones
para la vida

JIM GEORGE

AUTOR DE **GUÍA DE BIOGRAFÍAS BÍBLICAS**

Un estudio conciso, práctico y fácil de recordar de cada libro de la Biblia en un tamaño conveniente. Esta guía ofrece dos beneficios sobresalientes: un resumen de cada libro en la Palabra de Dios y una vista panorámica de todos los puntos destacados de la Biblia desde el principio hasta el final.

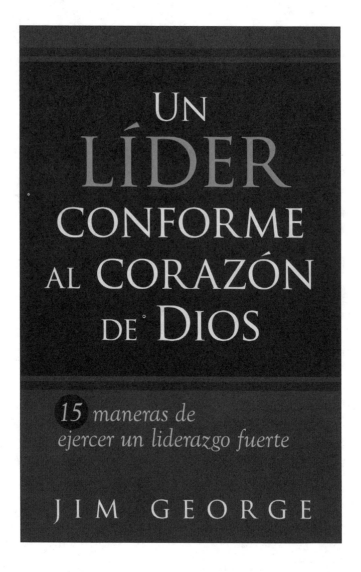

Un LÍDER CONFORME AL CORAZÓN DE DIOS

15 maneras de
ejercer un liderazgo fuerte

JIM GEORGE

La Biblia está repleta de personajes increíbles, y Nehemías destaca de manera prominente entre ellos. ¿Por qué fue tan eficaz, tan influyente? La respuesta comienza con saber lo que Dios quiere de un líder. Del ejemplo de Nehemías, los lectores aprenderán 15 formas de liderar con propósito. Puesto que Dios es quien nos facilita todas las cosas, estas cualidades singulares están al alcance de todo creyente. Los lectores experimentarán una satisfacción real al tomar medidas para convertirse en un líder conforme al corazón de Dios.

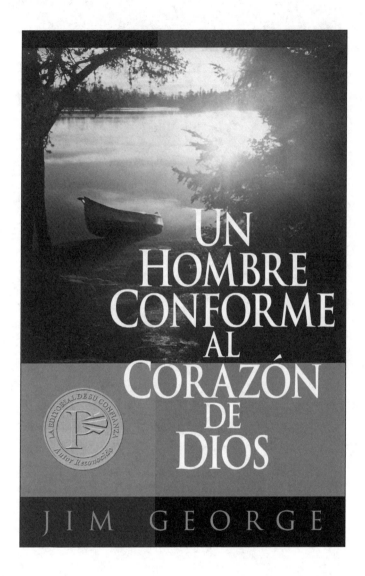

En este libro, Jim George, el esposo de Elizabeth George, trata acerca del diseño perfecto de Dios para ser un hombre con verdadera influencia en todos los aspectos de su vida. Enseña cómo influir de manera duradera en su matrimonio, con sus hijos, en su trabajo, en la iglesia y como un testigo de su fe.

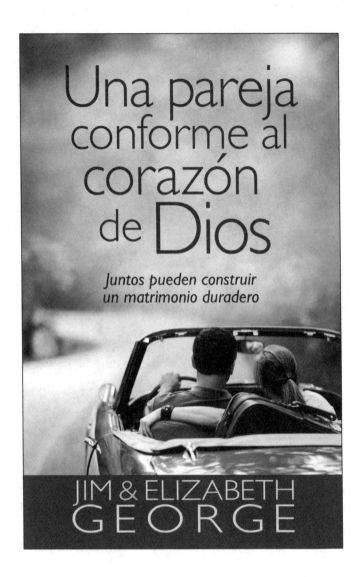

Una pareja conforme al corazón de Dios

Juntos pueden construir
un matrimonio duradero

JIM & ELIZABETH GEORGE

Jim y Elizabeth unen esfuerzos para compartir su sabiduría y experiencia de más de 40 años de vida marital a fin de ayudar a las parejas a acercarse más el uno al otro y a Dios. Los cónyuges descubrirán cómo enriquecer sus matrimonios. Al observar las fortalezas y debilidades de parejas de la Biblia como Abraham y Sara, Booz y Rut, José y María, y otros, aprenderán a conocer los elementos esenciales necesarios para disfrutar de una vida emocionante juntos y desarrollar mejores formas de comunicarse y tomar decisiones sólidas.

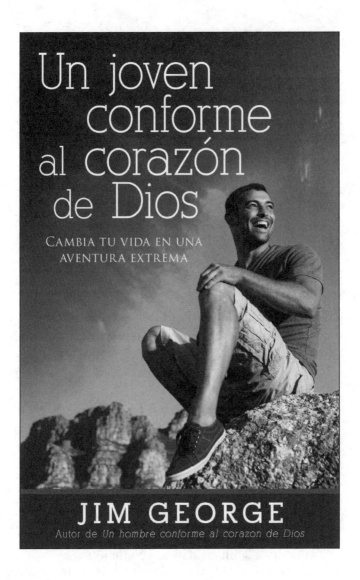

Un joven conforme al corazón de Dios

CAMBIA TU VIDA EN UNA
AVENTURA EXTREMA

JIM GEORGE

Autor de *Un hombre conforme al corazon de Dios*

Jim George, autor del conocido libro: *Un hombre conforme al corazón de Dios*, lleva a los jóvenes en un viaje radical de la fe. Ayuda a los jóvenes a convertirse en hombres que honran a Dios en todo lo que hacen. Este libro es una buena herramienta para la escuela dominical, para grupos de estudio bíblico de jóvenes o para todo joven lector interesado en crecer en su vida espiritual.

E D I T O R I A L
PORTAVOZ

NUESTRA VISIÓN

Maximizar el efecto de recursos cristianos de calidad que transforman vidas.

NUESTRA MISIÓN

Desarrollar y distribuir productos de calidad —con integridad y excelencia—, desde una perspectiva bíblica y confiable, que animen a las personas a conocer y servir a Jesucristo.

NUESTROS VALORES

Nuestros valores se encuentran fundamentados en la Biblia, fuente de toda verdad para hoy y para siempre. Nosotros ponemos en práctica estas verdades bíblicas como fundamento para las decisiones, normas y productos de nuestra compañía.

Valoramos la excelencia y la calidad
Valoramos la integridad y la confianza
Valoramos el mérito y la dignidad de los individuos
   y las relaciones
Valoramos el servicio
Valoramos la administración de los recursos

Para más información acerca de nuestra editorial y los productos que publicamos visite nuestra página en la red: www.portavoz.com